아직 영화로 만들어지진 만았습니다

KB192810

아직
영화로
만들어지진
않았습니다
만

〈모래내 가족〉 시나리오 메이킹 북

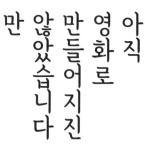

김진곤

푸른문학

추천사

김진곤의 시나리오 〈모래내 가족〉은 아직 영화로 만들어지지 못했다. 2023년 들꽃영화상 시나리오 사전제작지원 대상작으로 결정됐지만 코로나 기간이었다. 무엇보다 영화에 대한 투자 분위기가 냉각됐고 영화계도 여지없이 양극화의 계곡에서 허우적대기 시작하던 때였다. 〈모래내 가족〉은 일종의 휴먼 드라마이고 빅 히트를 노리는 상업영화계로서는 선뜻 손을 내밀기 쉽지 않을 장르의 작품이다. 이 영화는 10억 미만의 비교적 저예산 공법으로 제작돼야 할 작품일 것이다. 그런 면에서라면 그리 멀지 않은 시기에 제작 기회를 얻을 것으로 보인다.

작가이자 감독, 영화인인 김진곤의 〈모래내 가족〉의 작품이 들어 있는 이 책은 시나리오 노트와 인물 노트가 들어 있는 시나리오 메이킹 북의 성격을 지니고 있다. 따라서 스토리를 구성하는 데 있어서의 설계 방식을 알 수 있게 해 준다. 스토리에 있어 가장 중요한 요소, 곧 '이 작품의 주인공은 누구인가?'인데 이 책은 그것을 넘어서 그를 둘러싼 인물들의 행동 동기, 행동 양식을 알게 해 주고 그것을 어떻게 짜야 하는가, 왜 이런 식으로 짤 수밖에 없는가를 파악하게 해 준다. 그래서 시나리오를 쓰려고 하는 사람들, 시나리오에 대해 공부하려고 하는 사람들, 시나리오를 앞에 두고 그 구조와 방식, 스킬을 함께 익히려고 하는 사람들에게 유익할 것이다. 이 책은 전국의 영화과에서. 혹은 그에 준하는 곳에서 영화 공부의 교재로 쓰이면 좋을 것이다.

〈모래내 가족〉이 지닌 서사의 전통은 이문구의 소설『관촌수필』에 닿아 있다. 후자의 가족들이 전쟁의 와중에서 부침을 겪는다면 김진곤의 가족들은 연극을 만들고 예술을 하는 과정에서 갈등과 내홍을 겪는다. 여기에는 여전히 고집스럽게 예술혼을 지키려는 주인공 장환 같은 인물도 있고 이미 오래전 예술에 대한 믿음을 저버린 재현과 그의 처 같은 인물들도 있다. 예술이 인생을 얼마나 값지고 풍부하게 해 줄 것인가, 그에 대한 판타지를 가졌던 인물들은 결국 예술적 인생이란 그저 연극 한편을 가까스로 완성해 내는 것이라는 깨달음을 얻는다는 얘기이다. 그건 마치 안톤 체홉이 그 오래전 자신의 희곡『갈매기』로 가르쳐 준 이치와 같은 것이다. 고전 명작『갈매기』의 주제가 김진곤의 시나리오에서도 재현되고 있음을 보여 준다.

또한 이 책은 위에 얘기한 영화과 교과서로 사용되는 것을 넘어서서 일반인이 품고 읽을 만한 문학적 가치로 확장된다. 시나리오 읽기는 일종의 리듬을 타는 것과 같은 것이어서 처음에는 다소 어색하고 더듬더듬 코끼리 엉덩이를 만지게 하는 느낌이지만, 일단 그 흐름을 타면 비교적 단번에 읽을 수 있게 하는 것은 물론, 영화의 장면들을 함께 상상하게 만든다는 점에서 꽤나 입체적인 독서법을 제공하게 한다. 읽는 사람 스스로 감독이 되게 한다. 그건 꽤나 새로운 독서법으로의 경험이며 이 협곡을 통과하면 나중에 연극 희곡집도 술술 읽어 나갈 수 있게 된다. 고전 명작 중에는 희곡이 꽤 많다. 예컨대 페터 한트케의 『페널티킥에 처한 골키퍼』의 불안을 희곡으로 읽는 게 더 재미있는 것과 같은 원리이다.

　〈모래내 가족〉을 읽다 보면 이걸 꼭 영화로만 만들려고 고집할 필요가 있겠는가라는 생각이 든다. 소극장 연극으로 올려도 좋고, 드라마로 만들어도 좋고, 웹툰으로 만들어도 좋을 것이다. 영화 이전에 여러 가능성이 많이 있다.

　영화는 때로는 읽는 예술이다. 읽으며 상상하는 것만큼 무궁무진한 사변과 사유를 제공하는 일도 없다. 각본집 〈모래내 가족〉을 통해 연극을 한다는 것, 예술을 한다는 것, 가난한 예술지향형 인간들과 가족으로 살아간다는 것, 그리하여 현대 자본주의를 살아간다는 것에 대해 공감하고 연대하기를 바라는 바이다.

들꽃영화상 위원장 오동진

〈모래내 가족〉 각본집을 내기까지

시나리오는 배우가 아니면 쉽게 볼 수 있는 책이 아니다. 그도 그럴 것이 시나리오에는 소설과 달리 인물에 대한 설명이 턱없이 부족하기 때문이다. 인물의 성격이나 내적 심리 상태를 구체적으로 표기하지 않는다. 어떤 서사와 감정을 가지고 대사를 할 것인지는 그 역할을 연기하는 배우에게 달려 있기 때문이다. 대본은 그렇게 배우의 대사, 행동(Acting), 시공간 표기로 이루어져 있다. 영화를 만들기 위한 설계도 같은 것이어서 영화 촬영을 위한 기본 도면을 그려놓은 것과 같다. 그러기에 배우나 영화를 업으로 하는 사람이 아닌 경우에는 시나리오가 읽기에 매우 불친절한 책일 수밖에 없다.

반면에 시나리오를 쓰는 작가는 인물의 모든 감정, 상황들을 고려하여 집필한다. 일일이 설명을 안 할 뿐이다. 인물의 감정이나 행동을 대사나 지문으로 많이 쓸수록 읽기 쉬운 친절한 대본이 될 수 있는 반면에 배우가 인물을 창조해 내는 허용 폭은 줄어든다. 소설로 치면, 독자가 상상할 수 있는 것을 많이 제한하는 것과 같다. 이 양자 사이에서 작가는 의도에서 크게 벗어나지 않게끔 균형감을 잃지 않으려고 노력한다.

〈모래내 가족〉의 시작은 2018년도 3월에 아버지가 폐암으로 소천하신 이후에 글을 쓰기 시작했다. 아버지가 돌아가실 당시에는 드라마 〈품위 있는 여군의 삽질로맨스〉를 제작하고 있었는데, 아버지가 쓰러지셨다는 전화 연락을 받고 급하게 병원 응급실로 갔지만 도착하니 막 임종하신 직후였다. 임종을 지키지 못했다는 죄책감과 큰 상실감으로 오랫동안 힘들었다. 장례를 치른 이후에 사망신고부터 아버지의 과거와 친족 간의 모든 일들을 하나하나 정리하며 깨달은 것은 나는 아버지를 잘 몰랐다는 사실이다.

1939년생인 아버지는 일제 강점기에 시골에서 태어나 6.25전쟁, 새마을 운동과 군부시대, 민주화와 IMF, 그리고 인터넷과 AI시대까지 급변하는 시대에 적응하며 살아냈다. 아버지가 어떤 인생을 살아야 했는지, 무엇을 사랑하고, 무엇을 지키려고 했는지, 아버지 인생의 빛과 빚은 무엇인지 큰 관심도 이해하려고도 안 했었다.

아버지를 보내드리고, 그와 관계되어 있는 사람들도 만나고, 법정싸움도 하며 각종 서류에 관계되어 있는 일들을 찾아다녔다. 그리고 깨달았던 것은 '자식은 부모에 대해서 아는 것이 없구나'라는 생각이 죄책감처럼 밀려왔다. 이 하나의 감정으로 〈모래내 가족〉을 쓰기 시작했다.

　이 작품은 자전적인 작품이 아니다. 직간접적인 소재이고 현재 우리의 이야기들을 근간으로 썼다. 작품의 초고를 쓰고 이 책을 서랍 속에 넣어두었었다. 소소하고 우울하기도 한 이 작품을 누가 영화로 선뜻 나서서 투자해 줄 일이 있겠나 싶었고, 상업적인 것과 멀다고 생각했기 때문이다. 그러던 중 2022년도말에 들꽃영화제의 시나리오 공모를 봤다. 영화진흥위원회의 제작지원 공모와는 다르게 오직 시나리오만으로 판단한다는 것을 보고 시나리오를 다듬어 제출하게 했다. 그렇게 제출한 〈모래내 가족〉은 2023년 들꽃영화제에서 시나리오 공모부분 대상을 받았다. 그럼에도 2023, 2024년의 한국영화는 꽤나 어려운 시기이어서 영화제작이 쉽지 않았다. 그래서 출판으로 독자, 관객을 먼저 만나는 것이 좋겠다는 생각을 하였다. 각본만으로 각본집을 내보자는 제안도 있었다. 그러나 출판으로 하겠다는 생각을 하니, 영화제작과 준비과정과 해석을 담은 〈모래내 가족 드라마트루기[*]〉로 해보고 싶은 욕심도 생겼다. 그러나

드라마투르기(Dramaturgy)는 연극의 구성과 연극의 주요 요소를 무대에서 표현하는 방법을 연구하는 학문이다. 미국에서는 드라마투르기(dramaturgy)를 프로덕션 드라마투르기(Production Dramaturgy)라고도 하면서 작품의 역사 또는 사회적 맥락에 대한 자료 파일을 만들고, 프로그램 노트를 준비하고, 후반 작업 토론을 이끌거나, 학교 및 그룹을 위한 학습 가이드를 작성할 수 있다. 〈모래내 가족 드라마 트루기〉는 영화 이야기를 만들어가는 과정에서 배우들과의 캐릭터에 대한 분석과 토론, 연출자가 영화를 만들기 위해 고민하는 카메라, 미술 등 영화 스텝 부서와의 연구를 노트로 만들어 내고 싶었다. 이를 통해 〈모래내 가족〉이라는 영화를 깊고 풍성하게 이해할 수 있는 책을 만들고자 하였다.

배우와 연습 과정을 통해 완성해가는 이야기 노트를 담으려면 영화가 투자되고, 캐스팅도 완료되어야 가능하다. 투자사, 제작사도 없는 나로서는 어불성설의 방법이기에 먼저 캐릭터의 해석, 작가 의도, 연출 의도 등을 담은 글을 넣기로 결심했다.

이러한 의도를 이야기했을 때, 출판사 〈푸른영토〉 김왕기 대표님은 흔쾌히 책을 만들어보자고 하셔서 다시 글 쓸 힘이 생겼다. 막상 출판하려고 시나리오를 다시 보니, 여기저기 부족한 부분이 많아서 출판 전까지 대사에 대한 고민이 있었다. 영화 촬영하는 당일에 현장에서 대사를 바꾸는 감독들이 있는 데, 대사에 자신이 없어서라기보다는 좀 더 완성도 있는 영화를 만들기 위하여 끝까지 고민하기 때문이다. 그럼에도 이 책이 나올 수 있도록 해주신 〈푸른영토〉 김왕기 대표님과 출판사로 이어준 최수일 감독님께 이 글을 들어 진심으로 감사함을 표한다.

'모래내'라는 말은 맑은 냇물이 흘러 모래가 많은 곳에 이르러 밑으로 스며 내려간 데서 유래된 이름이다. 국내에 모래내라는 지명을 쓰는 곳이 몇 곳이 있는데, 그중에 서울 홍제천이 한강과 마주치는 곳이 있다. 모래가 쌓인 하천이라는 뜻으로 '모래내'라고 불렸다. 현대 사회에서의 노년층

이 된 아버지들이 사회와 가족에서 밀려나 흘러 흘러 파고다공원에 모이는 것을 볼 수 있다. 작금에 와서는 이런 공간적 장소뿐만 아니라 심리적으로 밀려 어딘가에 퇴적되어가는 삶이 심화되고 있다. 어느 논문에서 이를 '퇴적한다'라고 표현했던 것으로 기억한다. 이 모습을 비유하여 '모래내 가족'이라는 제목을 달았다.

〈모래내 가족〉속에 나오는 연극 장면은 2019년도에 대학로에 연극으로 공연되었던 해피엔딩(원작;오장환과 이성복이 만나면, 글;김광탁 공연제작사;극단 가배)이다. 장애를 가진 아들과 아버지의 가족애가 뜨겁게 담겨 있는 연극이다. 이 공연의 내용과 〈모래내 가족〉의 지향하는 결이 비슷하여 당시 주인공의 역할을 했던 김호창 배우에게 부탁하여 시나리오 속의 연극 장면을 넣을 수 있게 되었다. 영화화하는 작업에 동의하여 준 김광탁 작가와 최성봉 연출께 진심으로 감사드린다. 또한 이 책의 집필 작업과 사투리 등 아낌없는 조언으로 도와주신 김나영 작가에게도 깊은 감사를 드린다. 이 책의 삽화 작업을 유지천 감독이 담당하여 주셨다. 바쁜 와중에서 이렇게 근사한 그림을 그려준 유 감독께 감사의 마음을 전한다.

추천사는 들꽃영화제 오동진 위원장님께 부탁을 드렸

다. 들꽃영화제가 아니면 이 책 자체가 나오지도 못했을 것이다. 이 글을 빌려 진심으로 존경과 감사를 전하고 싶다.

이 책에는 시나리오 중간중간에 캐릭터에 대한 서사, 연출 의도 등을 설명하여 삽지처럼 넣었다. 앞으로 이 작품을 연기할 배우분들에게 참고가 되었으면 좋겠다. 뿐만 아니라 시나리오에도 인물의 감정이나 상황을 지문에 추가하여 넣었으며, 교차 편집되어 나오는 장면들을 최대한 배제하고 시간 순서에 가깝게 약간의 재편집하거나 설명 노트를 달아서 독자들이 쉽게 읽을 수 있도록 했다. 영화로 보게 될 때에 이 책을 읽은 독자는 더욱 풍부하게 감상할 수 있게 되리라 기대한다.

영화감독 김진곤

시나리오 노트 4 | 장환이가 의심하였던 혜경이네 식당

인물 노트 4 | 복장환 인물탐구

2부

모래내 가족

일러두기

01. /**부감**/ 위에서 내려다보는 구도로 촬영한 쇼트(shot). 최근엔 드론으로 촬영한 쇼트라고 하여 드론쇼트라고도 함.
02. /**암전**/ 암전은 무대나 특정 공간의 조명 장치를 모두 꺼서 완전히 어둡게 만드는 것.
03. /**정면샷**/ 카메라 정면을 보고 찍는 쇼트(Shot).
04. /**C.U**/ Close up. 피사체의 특정 부분을 강조하여 가까이에서 찍는 촬영
05. /**Cut to**/ 화면전환 (시나리오 용어)
06. /**E**/ Effect의 약자로 효과음. 화면 밖에 전화소리로만 들리는 것으로 표기한 시나리오 용어.
07. /**Extreme tight shot**/ Extreme close up shot와 같은 용어로 썼으며, 극단적으로 가까이에서 얼굴만 보이도록 촬영.
08. /**F.B**/ Flash back (회상)
09. /**F.I**/ Fade In(페이드 인). 화면이 처음에 어둡다가 점차 밝아지는 것.
10. /**Fade out**/ 영상이 서서히 어두워지는 영상기법.
11. /**Frame in(F.I), Frame out(F.O)**/ 피사체가 화면 안으로 들어오고 나가는 것.
12. /**Full shot**/ 피사체의 전신을 화면에 꽉 차게 담는 촬영기법.
13. /**INS**/ Insert(인서트). 보여 지던 화면 사이에 다른 화면을 중간에 끼워 넣어 불쑥 나타나게 편집하는 시나리오 용어.
14. /**Jump cut**/ 급격한 장면 전환으로 연속성을 갖는 흐름을 깨뜨리는 편집.
15. /**Long shot**/ 피사체와 배경을 넓게 담아내는 촬영기법.
16. /**Long take shot**/ 롱 테이크. 여러 장면을 짧게 짧게 잘라 편집하는 것이 아닌, 카메라를 한번 작동시켜 끊지 않고 길게 찍는 촬영기법.
17. /**NA**/ NArration(나래이션)의 약자표기. 화자가 이야기 속 사건이나 등장인물에 대해 설명하거나 묘사하는 방법
18. /**PAN**/ Camera(카메라)를 좌우로 회전시키는 기법.
19. /**V.O**/ Voice over. 화면에 나타나지 않는 인물의 목소리.

1부

서명이 되어있는 펼쳐진 서류를 이리저리 넘기는 손.
등을 꼿꼿하게 세워 앉은 김 차장은 연극인이라고 하는 앞
에 있는 이 두 명의 사장들이 못마땅하다. 신문지상에서 본
연예계 사람들은 직장인들처럼 열심히 일하지 않으면서 큰
돈을, 그것도 모자라 나랏돈을 쓰는 것 자체가 못마땅하던
터다.

김 차장(V.O)   오늘 두 분 오시라고 한 건 이자가 두 달
                이나 연체돼서요.

장환과 재현은 죄인처럼 김 차장 앞에 앉아 있다.

재현, 장환	네….
김 차장	두 달 연체되면 은행에서 바로 저희한테 원금 상환 통보를 하거든요. 그거 모르셨나요?
재현	인터넷 판매분은 입금까지 시간이 좀 걸려서요. 입금되면 밀린 이자부터 먼저 처리하겠습니다.
김 차장	(난처하다는 듯이) 언제쯤이면… (재현과 장환을 똑바로 쳐다보며) 상환하실 수 있는 거죠?
재현	이달 말에 정산해서 계산서 보내면…. 늦어도 다음 달 10일쯤이면 가능할 겁니다.
김 차장	다음 달이요?
재현	네.
김 차장	(예의는 차리지만 약간 한심하다는 말투로) 그렇게 하시면 다음 달 이자도 추가되구요. 이달과 다음 달이면 4개월째인데, 보증인 가압류 등의 절차를 진행할 수밖에 없습니다.
장환	가압류요?!
김 차장	네. 두 분 다 보증인으로 되어 있고, 보니까 복장환 대표님만 전세 부동산이 있으

시더라구요. 복장환 대표님 집을 담보로 가압류 통지가 나가게 될 겁니다.

장환, 날벼락이라도 맞은 표정으로 재현을 쳐다본다.
재현은 장환이 눈치를 본다.

장환	네? 아니… 저희가 안 갚는다는 것도 아니고 갚겠다고 와서 말씀드리는 건데…, 그것도 집은 사유재산 아닙니까….
김 차장	보증인으로 되어 있으셔서 어쩔 수 없습니다.
장환	뭔 소립니까!
김 차장	(태도를 바꿔 거만하게) 네?
장환	(재환을 말리며) 저희는 문화콘텐츠 장려 지원제도에 맞춰 지원했고요. 그 자금으로 현재도 열심히 공연 올리고 있습니다. 정산만 하면 밀린 이자도 금방 갚을 수 있는데 느닷없이 가압류라뇨!
김 차장	(짜증 나지만 최대한 무미건조한 톤으로) 두 분이 받으신 1억이라는 돈은 일반 직장인들한테는 쉽게 벌 수도 없는 큰돈입니다. 지원 제도로 그런 큰돈을 받으셨으

	면 이자 상환만큼은 제때 하셨어야죠.
재현	그 돈, 1억이라는 돈. 저희가 개인적으로 썼습니까? 제작에 쓰고 배우, 스텝들 인건비로 들어간 돈이잖아요. (장환을 가리키며) 얘는 출연료 받은 것도 제작비로 다 쓰고, (장환 눈치를 슬쩍 보며) 집에서 쫓겨나게 생겼어요.
김 차장	두 분 대표님이 받으실 때는 대표가 연대보증인으로 들어가 있던 거라, 올해부터는 연대보증제가 없어졌지만요.
장환	?!! 저희는 어떻게 적용이 안 될까요?
김 차장	법이. 소급 적용이 안 됩니다.
상환	저희는 너무 억울해요. 이게 뭡니까. 이자도 따박따박 받아먹고, 이게 말이 돼요? 정부시책이라는 게!
김 차장	이자를 저희가 받나요? 은행이 받는 거지. 여긴 보증기관이구요. 이 사달이 난 것은 두 분이 이자를 안 내서서 그런 거 아니에요! 금융 시스템이라는 게 예외가 없습니다. 두 달 연체되면 사고처리돼서 은행연합회에 자동으로 올라가거든요. 모릅니까! 사.고.처.리

재현	사. 고. 그거… 뭐… 어떻게 되는 건대요?
김 차장	사고로 올라간 사고 접수는 저희한테 통보되고, 그럼 저희는 강제로 이자뿐 아니라 원금까지 회수할 수밖에 없어요.
장환	(한숨 내쉬며) 이자 납입이 안 되면 어떻게 되나요?
김 차장	원금 회수 절차로 들어가구요. 복 대표님 명의로 된 재산은 처분하여 원금을 회수하고 남은 돈은 돌려받으시게 됩니다.

장환에게 미안한 재현은 일부러 더 열 낸다

재현	이게 무슨 지원책입니까! 사채업자랑 다를 게 하나도 없잖아요! 이럴 거면 지원을 해주지 말든가!
김 차장	두 대표님이야 전화도 잘 받으시고, 안 그런 분들이란 거 알지만, 지원금 받은 대표들 중에는 돈만 받고 잠적하는 사람도 있어서요. 저희도 힘듭니다. 국민 세금으로 하는 일이니 매뉴얼대로 하는 수밖에 없어요.
장환	그렇다고 저희가 그 사람들처럼 잠적하

	는 것도 아니고, 저희는 인터넷 검색하면 나오는 공인이에요. 배우란 말입니다.
김 차장	알죠. (인심 쓰듯) 이거 사고로 접수됐지만 두 분은 연락도 잘 받으시고 노력하시는 거 같아서 제가 법적 절차 진행은 아직 안 하고 있었지 않습니까.
재현	…. 네… 고맙습니다.

재현, 이 눈치 없고 고지식하기만 한 장환을 쳐다보며, '너도 인사해야지'라는 눈치를 준다. 장환은 아는지 모르는지….

장환	뭐, 고맙긴 고마운데요…. 너무 이렇게 압박하시면 공연을 제대로 진행하기가 어렵습니다. 공연이 성공해야 저희가 상환도 수월하게 할 수 있는 거 아닙니까. 서울 공연 잘 되고 전국투어 들어가면 이자가 대숩니까. 원금까지 금방 상환한다니까요. 잘 좀 부탁드리겠습니다.
김 차장	제 선에서 해드릴 수 있는 건 다 해드리는 겁니다. 우선 한 달 이자라도 먼저 갚으신 다음 연락 주세요. 그리고 6개월 후면

계약만료니까 연장하시려면 원금도 같이
갚으셔야 합니다.

장환, 재현   네….

김 차장, 이미 준비해 놨는지 바로 프린터 출력해 서류를
내민다. 뭔가 빽빽하게 글씨가 쓰여 있는 서류들. 장환이는
내용을 볼 틈도 없다.

김 차장   (동그라미 체크하며) 여기. 여기. 여기.
채우시고, 인감도장 가져오셨죠? 여기 찍
으시면 됩니다.

장환   여기요?

김 차장   네. (손가락으로 가리키며) 여기도… 도
장….

장환은 도장을 시키는 대로 꾹꾹 찍는다. 찍고 난 서명 옆
에는 보증인. 연대보증인이라는 글씨가 보인다.
재현도 콕콕….

빌딩에서 나오면서

재현   재수 없어. 말투가 왜 그 모양이냐?
(이죽거리며 김 차장 흉내를 낸다)
사.고.처.리.
무슨 지가 김영민이야. 똥.떵.어.리
똑같지 않냐. x발

장환   아 몰라. 짜증 나. 너는… (한심하다는 듯
이 째보며) 제작자라는 인간이 이자를 빵
구 내고 그래!

재현   내가 빵구 내고 싶어서 그랬냐? 돈이 없
으니까!

나도 힘들었어.

장환   빨리 해결할 방법 찾아라! 우리 집 가압
류되면 그땐 너 죽고 나 죽는 거야.

그때 장환의 핸드폰에 문자가 들어온다. 문자를 보곤 굳어
지는 장환의 얼굴

첫 장면에서 인물과 영화를 잡아야 한다

   소설가는 첫 문장을, 감독에게는 첫 장면에 공을 들인다. 첫 장면에서 관객에게 인물에 대해 기대감이나 호기심을 유발시켜야하기 때문이다. 그것으로 극을 끌어간다. 주인공은 장환이지만, 개인적으론 재현 캐릭터를 연기할 배우에 대해 기대감이 많다.

   첫 장면은 기술보증기금에서 지원금을 받은 두 명이 등장한다. 이자 납입을 못해 차압을 당할 위기에 처한 장면이다. 장환과 재현은 친구이자 조그마한 극단의 공동대표인데, 경영관리를 재현이 맡고 있다. 재현은 몇 달 동안 고의로 이자 납입을 하지 않았는지, 돈이 없어서 납입을 못 했는지 알 수 없다. 같은 공동대표인 장환에게 말할 시간이 충분히 있었는데도 불구하고 말하지 않았다는 것이다. 문제는 차압을 당하는 인물은 장환 혼자 오롯이 당해야 되는 상황이 발생했다. 의도적이었다면 분명 사기이다. 여기에서 오는 갈등과 긴장감이 첫 장면에서 나와야 한다. 이 장면을 만들어 내는 캐릭터가 재현이다. 재현이는 설레발치는 사기꾼처럼 연기할 수도 있고, 알 수 없는 묘한 분위기, 즉 의뭉스러운 인물로 연기할 수도 있다. 배우에 따라 첫 장면이 범죄 사기물처럼 보일 수도 있고, 코믹 소등극처럼 보이게 할 수 있다.

여기에 배경이 되는 것은 문화예술인의 활동을 지원하고자 마련된 기금 제도이다. 연극 공연, 영화나 드라마 제작 시에 기금 제도를 통한 지원금으로 스텝 인건비, 배우 출연료 등을 지불하게 된다. 그러나 이 제도는 대표자가 연대보증인으로 채무자가 된다. 더구나 원금과 이자까지 모두 상환하게 되니 빚더미에 앉게 되는 셈이다. 곧 정부 지원이라는 명목하에 은행은 채권자가 되고, 예술인은 채무자의 관계를 형성하게 된다.

대다수 제작사 대표가 예술 활동으로 커다란 채무자가 된다. 제작사 대표는 프로듀서 아니면 감독이기에 이는 직접적인 문화 예술 활동에 영향을 미치게 된다. 기금 제도의 연대보증인 제도는 강압적 폭력으로 받아들여지게 된다. 실제로 죽음으로 내몰리는 일도 있었기에 2018년 4월부터 공동연대보증인 제도를 일부 폐지했다. 그러나 아직도 연대보증인 제도가 완전히 폐지되지 않아 제작사 대표는 여전히 막대한 기업 채무를 부담하게 되고 신용불량자가 되고 있다. 예술인들은 채무불이행으로 인한 범법자가 되지 않기 위해 또 다른 대출을 받기도 하고, 이자라도 갚기 위해 적은 소득의 비정규직 일에 내몰리는 것이 현실이다.

원금과 이자는 점점 눈덩이처럼 불어나 터질 듯 커져버린 풍선은 얼마 가지 않아 터지기 마련이다. 장환과 재현이는 그러한 예술인들이 겪는 고초를 당하고 있다. 사회의 경제적 아웃사이더가 된 불안한 위치에 서 있는 것이다. 특히나 장환이는 가정이 있다. 아내도 있고, 어린 아이도 있다. 어렵사리 구한 전세금으로 서울 변두리에 18평의 작은 집이 재산의 전부이다. 이자를 갚지 못하면 전셋집마저 경매에 넘어갈 수도 있다. 몸 하나 간수하면 되면 재현이와는 다르다. 사기꾼이 아니라면 재현이는 장환이에게 미안할 수밖에 없다. 극단 운영은 재현이의 몫이었다.

영화 속 첫 장면인 이 장면으로 고통스러웠던 기억이 소환되는 사람도 있을 것이다. 이것을 영화 〈나, 다니엘 블레이크〉(켄 로치 감독)처럼 사회에 저항하거나 분노하는 방법으로 표현되길 원치 않았다. 그래서 대사를 재현이라는 캐릭터를 통해서 다소 코믹스럽게 상황 설정하였다. 작가는 이러한 세계만 설정해 두었을 뿐이다. 이 세계를 디테일하게 그려가며 완성해가야 할 사람은 배우이다.

친구 따라 서울로 온 재현

　재현이는 장환이와 같은 동네 친구이다. 어릴 때부터 할머니, 할아버지 손에 자랐다. 부모가 일찍 돌아가신 것인지, 아니면 버림받은 것인지는 알 수 없다. 어린 나이에도 엄마 아빠에 관해서는 단 한마디도 하지 않았고, 친구들은 어느 순간부터 묻지 않았다. 불우한 환경에서 자랐지만 얼굴은 전혀 내색함도 없었고, 오히려 붙임성이 좋아서 주변에서는 평범한 가정에서 자란 것으로 알고 있다. 그를 눈치껏 이해해 준 친구는 장환이었다. 고등학교 졸업할 즈음에 장환이가 배우 되겠다고 서울로 간다고 했을 때, 재현이는 무작정 장환이를 따라 올라왔다. 현재는 할머니하고 같이 살고 있다.

　대학로 한 극단에 입단 테스트 없이 들어갔다. 장환이와 둘은 매일 같이 무대를 쓸고 닦았다. 연극 포스터를 붙이고 나면 선배들이 밥을 사준다. 처음엔 그렇게 하루 한 끼로 버터 냈고, 낙산공원 성곽 밑에 방 한 칸짜리 월세방을 구했다. 익숙해진 일 년이 지나자 재현이는 무대 청소에서 조명 오퍼, 음향 오퍼도 하면서 조연출이 되었다. 장환이는 연기를 했다. 그때는 둘이 같이 하면 모든 것을 할 수 있을 것만 같았다.

둘 사이에 균열이 생긴 것은 장환이가 연애를 시작하면서부터였다. 극단 선배 배우였던 효진 누나와 사귀더니 급기야 결혼까지 했다. 둘 사이에 어떤 이야기가 오고 갔는지 모르겠지만 극단에서는 가장 유명한 배우였던 효진 선배는 대학로를 떠났고, 장환이는 연기를 계속했다. 대학로 배우로서 인기가 좀 있었지만 똑똑했던 효진 선배는 대학로의 지긋지긋한 가난이 싫었을는지 모른다.

두 사람이 결혼할 때 꽤나 놀랐다. 집을 장만한 것이다. 그것도 전셋집에 방이 두 개나 되었다. 장환이는 TV에도 간간이 출연도 하곤 했지만, 하루살이 돈벌이는 재현이와 별반 다를 바가 없었다고 생각했는데 결혼하면서 어엿한 집이 생겼고 딸까지 낳았다. 장환이와 재현이는 이렇게 자연스럽게 멀어질 수밖에 없었다. 장환이는 원래 책임감이 강했는데, 결혼하니 더욱 보수적이 되어갔다. 재현이가 옆에서 봤을 때 말이다. 그렇게 재현이는 처음에 꿈꿨던 예술인의 의지나 목표도 점점 희미해져갔다.

S#3
장환의 집

띠딕띠딕~ 또로롱~.

현관문을 열고 들어오는 장환. 밍밍이가 먼저 왈왈.

장환이 평소와 다르게 아랑곳하지 않고 어두운 표정으로
인사도 없이 안방으로 들어간다. '어쭈?'하는 표정으로 장환
의 뒤를 졸졸 쫓아가는 효진(장환 아내).

장환이 안방으로 들어가 옷장을 열고 검은색 양복을 찾아
꺼낸다.

효진   왜? 오늘 드레스코드는 맨 인 블랙이니?

굳은 표정으로 와이셔츠와 넥타이를 찾는 장환.

효진	아, 넌 90년에 태어나서 맨 인 블랙 모르나?
장환	(어두운 표정으로 말없이 옷을 갈아입는다.)
효진	공연 핑계로 대놓고 sns에 사진 올리고 난리 났더라. 어린 후배들이 오빠 오빠 쫓아다니니까 좋지? 니가 막 연예인 된 거 같고 그렇지?
장환	너!(… 화를 내려다 말없이 고개를 떨군다.)
효진	왜 말이 없어졌어? 내가 6개월 할부로 사준 가죽 마이가 왜 채린이 어깨 위에 살포시 올라가 있었는지 변명을 늘어놔야 될 거 아냐!

그 말에 장환은 짜증이 났다.
하지만 참았던 눈물을 글썽이며

장환	….
	당신도 옷 갈아입어. 엄마 돌아가셨어.
효진	(당황하는 표정)….

S#4
국도/시골 도로 (낮)

괴산 IC를 들어서는 장환의 차. 나름 배우 가오라도 뽐내는 듯 외제차. 오래된 연식.

/음악/

/부감/ 산으로 둘러싸여 있는 시골 도로를 차가 달린다.

〈자막〉 주조연배우이름 CREDIT

차 안.

장환과 그 옆에 장환의 아내 효진, 뒤에 딸 하늬와 장환의
이모 금주가 타고 있다.

아무 말 없는 부부.

묵묵히 운전하며 생각에 잠겨 있는 듯한 장환.

창밖을 보고 있는 효진.

하늬는 잠이 들었고 어른들도 졸리거나 지친 표정이다.

운전하며 눈에 눈물이 그렁그렁한 장환.

그 뒤로 시골 풍경이 지나간다.

S#6
복용태의 집

시골집. 영정사진이 보이고, 그 뒤 벽에 붙은 사진들.
사진 속에 젊은 용태가 서 있고 그 뒤로는 '잘 살아보세'라
는 구호 현수막이 커다랗게 걸려있다.
젊은 용태의 다른 사진이 한 장 또 한 장… 흘러 보여지며

장환(V.O)   아버진 충북 괴산, 전기도 들어오지 않는
                    깡촌에서 태어나셨죠. 스무 살에 상경해
                    서 서울의 한 건설사에 다니셨어요. 현장
                    일을 하다 보니 결혼 전은 물론이고 이후
                    에도 혼자 생활하는데 익숙하셨죠.
                    중동으로 파견돼 몇 년 고생하시다 노조

여기 Voice Over에서 내레이션(NArration)으로 처리하지 않는 것은 상황을 설명하는 것이 아니
라 장환이 다른 장소에서 말하고 있는 것을 소리만 끌어온 것이고, 그 대사 내용을 여기 장면의 설
명처럼 보이게끔 장면 연출을 한 것.

활동을 했다는 이유로 마흔도 안 된 젊은
나이에 해고당했구요.

(장환의 목소리와 더불어 보이는 사진들)
중동 건설 현장에서의 젊은 용태 모습 사진.
부둣가에서 찍은 젊은 용태 모습 사진.

/정면 샷*/ 테이블을 놓고 앉아서 누군가를 바라보며 말하는 장환. 아직은 경찰서라는 느낌 없이.

장환　　　IMF 때 전남 여수로 내려가 부둣가에서 비료 싣는 일을 퇴직 때까지 하셨습니다. 두 아들 결혼시키느라 퇴직금으로 받은 전 재산 6천만 원을 거의 다 쓰시고 고향 마을로 돌아가 정착하셨어요. 드디어 좀 편히 사시나 했는데 얼마 전에 어머니가 췌장암으로 갑자기 돌아가셨습니다. 췌장암 어떤지 아시죠? 증상이 나타났을 땐 이미 손도 쓸 수 없거든요.

의자에 앉아 있는 장환이의 상체만 정면으로 찍음. 인물이 관객을 보고 말하는 것처럼 가운데 위치해 있고, 카메라 정면을 보고 대사를 하는 정년 Shot.

S#8
복용태의 집 (실내/해 질 녘)

웃고 있는 어머니의 영정사진. 일반 시골집의 구조다.
한쪽 방에서 잠들어 있는 하늬. 방에서 카메라 빠져나오면
상복을 입고 둘러앉은 장환, 오윤, 효진 그리고 이모 금주.
그 앞에 작은 교자상에 놓여 있는 맥주캔. 아버지 용태는
대청마루에 앉아 멍하니 밖을 보며 담배만 뻐끔거린다.

오윤(V.O)　　고생 많았어 형…. 형수님한테도 죄송합
　　　　　　니다.

장환　　　　잘 보내드렸으니까 됐지 뭐.

오윤　　　　진작 들어와서 작별 인사라도 했어야 하
　　　　　　는데…. 어떻게 이렇게 빨리 가시냐구.

금주　　　　(영정사진 보며 또 운다) 언니… 불쌍한

울 언니…! 지지리 복도 없지. 좀 살만하
니까 덜컥 암이 뭐야!

장환   (못마땅한 표정) 이모도 이제 그만 좀 해.
        시끄러워서 얘길 못 하겠네.

금주   (더 크게) 아이고~~ 울 언니 고생한 거 나
        아니면 누가 알아주나~~.

장환   막말로 엄마 속 젤 많이 썩인 사람은 이모
        지. 자식보다 더 속 썩인 막냇동생. 너!

금주   (째려보며) 너?

장환   그래 너! 나보다 두 달이나 늦게 태어났
        으면서 꼬박꼬박 이모 대접 바랄 거면 이
        모 노릇부터 좀 하든가.

금주   내가 이모 노릇 못한 건 또 뭔데?

장환   니가 이모 노릇을 뭘 했냐?

효진   두 사람 다 입 못 다물어! 아버님 심란하
        신데 어째 이런 날까지 싸워!!

금주   얘가 먼저 시작했다. 나한테 너라고 하는
        거 질부도 들었잖아.

효진   네. 들었어요, 이모. 내가 나중에 혼구녕
        을 내줄 테니까 이모도 이제 그만해요.

금주   (괜히 만만한 작은 조카에게) 근데 오윤
        이 넌, 암만 그래도 마누라는 데리고 들어

왔어야지. 안 그러냐?

오윤 제이미가 아직 너무 어리잖아. 여기가 가까운 곳도 아니고, 어디 맡길 데도 마땅치 않고….

금주 니들 작년에 프랑스 어디로 여름휴가 갔었잖아. 자랑하느라 sns에 사진 잔뜩 올린 거 다 봤는데. 프랑스는 가까워서 거기까지 휴가 가고 그랬니?

오윤 그땐 비지니스차 겸사겸사…. 안 그래도 다녀와서 애가 아파 고생 좀 했어.

금주 암튼 큰질부 혼자 애쓴 거 잊지 마. 며느리라고 달랑 둘인데 시어머니상에 작은 며느린 코빼기도 안 비추는 게 말이 돼?

오윤 (효진에게) 죄송합니다 형수님….

효진 난 괜찮아요.
 어머님이 서운하셨을 거예요. 어차피 우리… 아무도 임종 못 지켰잖아요.

갑자기 모두 말이 없어진다.
말이 많고 정 많은 금주는 말 없는 분위기가 불편하다.

금주 (사진을 보며) 언니는 나이 먹어도 어쩜

이리 고울까. 고생도 참 많이 하셨는데. 이 고운 얼굴 봐. 언닌 정말… 이 집안의 천사야.

(형부 용태를 쳐다보며 혼잣말처럼) 형부는… 여기서 혼자 살 건가…?

자식 중 아버지를 누군가는 모셔야 하지만, 아들인 장환과 오윤이는 그럴 형편이 못된다. 장환이는 경제적인 어려움으로, 오윤이는 시아버지를 모시지 않겠다는 것이 결혼 조건이었던 터라 엄두도 못 낸다.

장환/오윤	(서로 슬쩍 눈을 피하며 맥주를 한 모금씩 마신다.)
금주	오윤이가 벌써 몇 년째지? 미국 간 게… 10년이 넘었지?
오윤	2005년이니 벌써 십수 년이 넘었네.
금주	우아. 십 년 이상이 됐어? 장환이가 혼자 집안을…. 어휴! 진짜 고생 많이 했다. (용태 들을까 봐 낮은 소리로) 형부가 젊을 때 성격이 보통이었냐? 한 고집에… 대단하셨잖아. (호호)
오윤	맞아. 그 몇 년 됐지? 4~5년 전인가? 제이

미 본다고 미국에 오셨을 때, 폴리스 출동 사건은… (크크크) 아버지도 놀랬었을 거야.

장환   (알고 있다는 듯) 담배 사건.

장환. 오윤이의 말에는 반응하지만 오윤이에 대하여 시큰둥하다.

오윤   (맞장구치며) 응. 아버지 혼자 편의점 가서 담배 달라고 하려니 말이 통해야지. (웃음) 우리말로 '담배 줘, 담배' 해도 점원이 못 알아들으니까 (담배 무는 제스처와 손가락을 총처럼 점원 등 뒤 담배 쪽을 가리키며) 이러면서… '담배! 뒤에 있는 거 그거!' 하고 그 큰 목소리로 고래고래 내지른 거예요. (슬쩍 아버지 눈치 보며) 인상이나 좋아? 점원이 놀래서 이머전시 벨을 마구 눌러댔고, 덩치가 이따만한 미국 경찰이 총 들고 들어와서 제압하고 난리도 아니었어. 내가 가보니까 얼마나 놀라셨는지 아버지 얼굴이 새파랗더라구요. (강조하듯) 그 뒤론 한 번 들어 오시

	래도 절대 안 오시잖아. 아버진 미국이랑
	안 맞아.
효진	(결국 그 말이 하고 싶었구나 하는 표정
	으로) 그래봤자 다 사람 사는 데잖아요.
	어디든 적응하기 나름이겠죠.
금주	형부 누가 모셔야 하지 않겠어?

드디어 올 것이 왔다는 표정으로 딴청을 하는 형제.
금주가 용태의 등을 바라본다.

금주	우리 형부…. 어릴 땐 태산같이 보였는
	데…. (한숨)

장환은 마음이 못내 불편하다.

효진	한국은 노인이 살기에 너무 힘들어. (슬
	쩍 떠보듯이) 미국은 노인 복지가 여기보
	다 낫죠? 부모 초청이면 영주권도 빨리
	나온다던데….
오윤	그렇지도 않아요. 영주권이 수퍼마켓에
	서 물건 사듯 나오는 것도 아니고. 게다
	가 아버지 나이에 외국 생활이 쉽나요.

어디 말이 통해야 제이미라도 봐주실 텐
데…. 그리고 아버지도 나보단 형이 편하
지. 형수님을 딸처럼 생각하시고.

미국에 좀 살았다고, 혓바닥 굴리는 게 다들 못마땅하다.

효진   (이게 뭔 소리야? 하는 표정으로 보며) 아
      버님이요??

장환   아버지하고 살붙이고 산 적이 있어야지.
      다들 기억이 없잖아…. 안 그래?

책임 회피하는 모습들에 비꼬듯이 이야기하게 되는 금주

금주   아직 건강하신데 혼자 사셔도 되지 뭐.
      어차피 평생 혼자 살다시피 했는데.
      (오윤에게) 넌 얼마나 있다 갈 거니?

오윤   내일 바로 가야 돼.

금주   내일??

장환   그렇게 빨리? 몇 년 만에 나온 한국인데
      며칠 더 있다 가지.

오윤   나도 그러고 싶은데 일 때문에 여유가 없
      어. 워라벨이니 뭐니 해도 야근하고 좀비

처럼 돌아다니는 건 미국 사람들도 다 똑같거든. 손에 스타벅스 커피든 좀비.

효진 (모든 게 못마땅해서) 어떻게들 할 거야? 이모도 자고 갈 거 아니면, 지금 밥 차려 줘요?

금주 가긴 어딜 가. 자고 내일 같이 올라가야지. (장환과 오윤에게) 언제 또 이렇게 모일지 모르는데 우리 맥주나 한 잔 더 해.

효진 (일어나며) 차려만 줄 테니까 치우는 건 알아서들 해. 난 들어가 잘 거야. 이틀 동안 한숨도 못 잤어.

장환 (맥주 한 캔을 쭉 들이켜고 나서) 쩝! 모시는 것도 문제고, 여기 혼자 계시게 할 수도 없고….

대청마루에 앉아있는 용태 뒷모습.

용태는 자식들의 소리가 들리는 건지 안 들리는 건지 계속 담배만 피우면서 상념에 잠겨 있다. (장환 시점 샷).

S#9
용태의 집 앞 (실외/아침)

아침. 용태의 집 전경.

카메라는 용태의 뒤에서 찍은 /Full shot/ (연극 장면#14신
까지 얼굴 타이트 샷 없도록)

문을 열고 나오는 자식들.
각자 떠난다고 어수선한 와중에 아버지와 인사 나눈다.
하늬가 며칠 새 정들었는지
할아버지 다리를 붙잡고 서운해한다.
오윤은 택시 트렁크에 캐리어 짐을 싣고 있다.
금주가 용태를 꼭 껴안고 한차례 눈물바람을 한다.
오윤은 택시에, 나머지 식구들은 장환의 차를 타고 떠난다.

S#10
택시 안 (낮)

오윤, 뒷좌석에 앉아 통화 중이다. 시골 풍경이 옆으로 스쳐간다.

오윤 처(E)　　왓?!!

오윤　　　　(다급히) 그러자는 게 아니고…. 현실적으로 말이 안 되지. 근데 들어보니까 형 사정이 딱하더라고. 형수님 혼자 버는 거나 마찬가진데 아버지까지 모시라고 하기가…. 극단 운영하느라 형수님 모르는 빚도 좀 있는 모양이야.

오윤 처(E)　　아버지 하면 새벽 별 지기도 전에 일 나가던 모습밖에 기억 안 난다며.

53

오윤	그치. 눈만 뜨면 일하러 나가셨어. 어쩌다 집에 계시면 불편할 정도였으니까.
오윤 처(E)	아니 내 말은, 그런 워커홀릭이신 분이 모아두신 돈이 왜 없어?
오윤	(답답해서) 쌓아둘 만큼 번 것도 아니지만 그나마도 나 유학시켰지 두 아들 장가보냈지, 남는 게 어딨겠냐!
오윤 처(E)	당신 좀 나이브한 거 아니야? 퇴직하고 귀농하셨다며? 땅 얼마나 갖고 계신 건지 제대로 알아보긴 했어?
오윤	그냥 집 옆에 공지에다 터 밭 가꾼 거야. (한숨) 상추, 가지, 고추랑 대파 그런 거 심어놓으셨더라.

S#11
용태의 집 앞 (실외/아침)

문을 열고 나오는 용태 손에 쓰레기봉투를 들고 있다. 힘들지만 무심하게 툭하게 버리는 용태. 그 움직임이 느릿느릿.

효진(V.O)   내가 모시라고?

S#12
장환의 차 안 (낮)

덜덜거리는 오래된 장환의 차. 장환이 운전하고 있고 하늬
는 뒤에서 금주와 머리를 맞댄 채 자고 있다.

장환	자기 혼자 모시라는 게 아니고…. 내가 잘 할게. 같이 모시자.
효진	집이나 넓어? 좁아터진 집에서 어떻게 네 식구가 살아? 방도 없는데! 아버님 오시면 어디 모시게?
장환	하늬 방 비워야지 뭐….
효진	하늬도 이제 금방 초등학교 입학할 텐데 자기 방도 없이 어떻게 해?
장환	옷방 있잖아….

효진	말이 옷방이지 그게 방이야? 다용도실이야. 사람이 어떻게 거기서 지내! 우리가 베란다라도 있어야 물건을 두지. 좁아터진 방에서!
장환	아니면 대출받아서 방 세 개짜리로 이사를 하든지….
효진	돈도 한 푼 안 벌면서 대출? 그거 누구 이름으로 받을 건데! 엉?
장환	무슨 말이 그래? 출연료 꼬박꼬박 자기 다 줬잖아!
효진	(같잖다는 듯) 하…! 출연료? 이십만 원 삼십만 원 그거! 그게 생활비니? 공과금도 안 되는 돈, 그것도 가끔 한 번씩 줘놓고 대출 소리가 잘도 나온다. 다 때려쳐!
장환	뭘?
효진	연극!
장환	무슨 소리야?
효진	할 만큼 했잖아. 10년 했는데 안 되면 영원히 안 되는 거야.

빡이 돈다. 애꿎은 차에 화풀이하며 격하게 운전하는 장환. 차. 부아~앙 (소리).

장환	이놈의 똥차는 밟아도 안 나가!
효진	(장환의 운전에 겁이 난다) 왜 차에 화풀이해! 애도 타고 있는데!!
장환	이 작품은 해낼 거야….
효진	내가 오죽하면 이래. 내가 살면서 젤 잘한 결정이 뭔지 알아? 배우 그만두고 문화재단 들어간 거. 월급이란 게 매달 꼬박꼬박 통장에 들어오니까 '아, 이게 사는 재미구나' 싶은 게 그렇게 행복할 수가 없더라.
장환	(한숨 푹) 못 들은 걸로 할게….
효진	들어놓고 왜 못 들은 걸로 해?
장환	우리 결혼할 때 당신이 뭐랬어? 둘 중에 더 재능 있는 사람이 계속하자며? 그게 나고. 그래서 당신이 배우 그만두기로 한 거잖아.
효진	그랬지. 실수였어. 하필 그때 내가 연상이니 내조해야 된다고 생각했을까! 그때 둘 다 관뒀거나 결혼을 하지 말았어야 하는 건데.
장환	(버럭) 뭐?!
금주	우씨! 이모님 주무시는데 왜 싸우고 지랄들이야?
효진	(버럭) 이모는 왜 우리 차에서 자고 지랄

인데?

금주　　　그치. 내가 잘못했지. 그래. 난 차도 없고
지랄이지….

씩씩거리며 모두 앞만 바라본다.

가장 현실적인지만 현실적으로 살지 못하는 효진

효진은 늘씬하고 이국적인 이목구비를 가지고 있어, 어릴 때부터 탤런트 하라는 이야기를 많이 듣고 자랐다. 그래서 배우와 예술인에 대한 동경이 항상 있었다. 공부도 잘했던 탓에 대학은 어렵지 않게 들어갔다. 하지만 연극 영화를 전공할 때, 같은 과 친구들은 배우 느낌이 있지만 자신은 뭔지 모르게 부족하다고 느꼈다. 비슷한 것들 사이에서 툭 튀어나오는 예술적 재능이라는 것이 없다고 생각했었다. 아마도 교사였던 부모님 밑에서 똑같은 일상, 바른 생활만이 강요받았던 어린 시절 때문일지도 모른다고 생각이 들었다.

극단에서는 선배들의 이쁨 받고 어린 나이에 빠르게 주인공을 하게 되었지만, 이십 대 후반이 되었을 때 이미 지쳐가고 있었다. 이때에 장환이를 극단에서 보게 된 것이다. 장환이의 연기는 학교에서 가르쳐 주지 않는 거친 생명력이 있었다. 그것은 무엇과 대체할 수 없는 그의 재능이라고 생각하고 있었다. 그러던 어느 날. 네 살이나 어린 장환이의 용기 어린 프러포즈를 받았고, 이에 감동해서 덜컥 결혼했다.

자신보다 어리고 재능 있는 배우라면, 자신이 배우를 그만두고 남편 장환이가 배우로 성장하는 것을 돕는 것이 낫겠다는 생각을 했다. 그리고 자신은 가정을 꾸리는 데에 가장 시급한 경제문제를 해결하기 위해 돈을 벌기로 했다.

　딸 하늬를 낳고 애 키우랴 출근하랴 정신없고 몸은 고단한데, 남편 장환이는 도저히 경제적 악의 순환고리에서 헤어날 기미도 보이지 않고 암담해져만 갔다. 내 식구 먹고살기도 힘든 데, 앞뒤 대책 없는 장환이는 아버지를 모시고 살자고 한다.

빨랫줄에 걸려있는 걸레. 제대로 짜지 못해 물이 뚝뚝 떨어진다. 용태가 마루에 앉아 고즈넉한 시골 마을 풍경을 바라보고 있다.

앉아 있는 모습자체서 젊음이 주는 에너지를 전혀 찾을 수 없다. 주름진 손이 그 모든 것을 말해주는 듯하다.

/Full/ 이윽고 집안으로 들어가는 용태

영화 속 첫 시퀀스에서 비쳐질 가족관계 연출

 이 시나리오는 전통적인 가족관을 가지고 있는 부모 세대와 경제적으로 급변한 현대사회의 자녀 세대와의 충돌을 다루고 있다. 부모는 1940년대 후반에서 50년대 초반에 태어난 세대이다. 6·25 전쟁 통에 태어나 배우지 못했고, 굶지 않는 것이 인생의 목표가 된 세대이다. 그래서 자신을 희생해서라도 자식이 굶지 않게 하고 배우게 하는 것이 중요했다.

 아버지인 용태는 새마을 운동의 중심이 되어 새벽별을 보며 출근했고, 중동 붐에는 작렬하는 태양빛 아래에서 지게를 지며 돈을 벌어서 집에 가져다주었다. 아내 금순은 남편 용태의 벌이가 없을 때는 삯바느질로 아이들을 키우며 어떡하든 가정을 지켜냈다. 아껴 쓰고 모은 돈은 공부 잘하던 막내아들 오윤이에게 모두 투자했다. 막내 아들이 공무원 되었으면 했지만 오윤이는 공부한다며 유학 가서 한국으로 돌아오지 않았다. 한국에서의 가난이 싫다며 돈 없는 부모를 원망하곤 했다.

 퇴직하며 받은 돈을 두 아들 결혼자금으로 모두 소진했다. 용태의 집안이 이렇게라도 할 수 있었던 것은 가정

경제를 잘 꾸려 온 아내 현금순 여사의 덕분이었다. 그런 아내가 죽었다. 아들인 장환과 오윤이에게는 집안의 기둥이 없어진 것이다. 자랄 때 아버지와는 가끔 얼굴을 볼 뿐이었고, 어떻게 대화해야 할지도 잘 모르는 힘든 관계였다.

첫 시퀀스에서 엄마의 죽음으로 모든 가족이 모인 상황에서 세대 간의 충돌을 잘 보여주는 것이 중요했다. 배움이 다르고, 사는 문화가 다르고, 사고방식이 다르다는 것이다. 엄마의 죽음과 장례식에 둘째 아들만 오고, 며느리와 손주는 오지 않는다. 전통적이거나 유교적인 사고방식의 세대에서는 납득이 되지 않겠지만, 지금은 그럴 수도 있다는 갈등과 고민을 던져주는 것이 필요했다. 뿐만 아니라 부모의 죽음에 아들과 며느리 사이에 이해관계가 다름에서 오는 충돌이 있어야 한다. 재산상속은 법이 제시하는 1/n 해야만 하고 부모를 모시는 책임은 장손에게 넘기고, 자신은 빠지려는 차남을 보여 줌으로써 현재 한국 사회가 겪고 있는 가정 내의 갈등을 보여주고자 했다. 장남인 장환이는 한국에 살고 있기에 전통적 사고방식에서 자유로울 수 없었다.

마지막으로 영상 속의 카메라 연출에 대한 부분이 중

요하다. 엄마가 돌아가시자 모인 자녀들은 시골집에서 홀로 남아계신 아버지를 누가 모실 것인가에 대한 논의를 한다. 이야기의 핵심 주제인 아버지를 카메라는 제대로 보여주지 않는다. 아버지를 제외한 모든 가족은 한자리에 모여 논의하지만 정작 이야기의 주인공은 카메라로 보여주지 않음으로써 소외되어 있는 아버지, 가정에서 소외되어 버린 아버지를 표현해야 했다.

13씬에서 보여주는 널려져있는 걸레처럼 아버지 용태는 가족을 위해 살다가 너덜너덜해져 있는 걸레처럼 표현된다. 그 걸레는 깨끗해서는 안 되고 물이 뚝뚝 떨어져야 한다.

S#14
공연장/무대 (실내)

/타이트 샷/ 책 몇 권 받쳐 놓는 (용태와 비슷한) 주름진 손. 그 위에 올라선 아버지. 중풍의 후유증으로 후들거리는 두 다리. 사정없이 흔들리는 양손.

기다란 이태리타월 몇 개 연결해서 올가미를 만들고 벽면에 박힌 대못에 목을 매는데, 아니나 다를까 쌓아 올린 책 무너지고 그 위로 고꾸라지는 아버지.

이 악다물고 다시 책 위로 올라서고 후들후들 버텨 거머쥔 올가미를 목에 감고 대못에 걸고 필사의 몸부림. 그러나 진행되는 시간은 수 분이 걸릴 텐데 비질비질 비지땀 훔치고, 긴 숨 한 번 쉬고 드디어 책 무너뜨리고 달랑 매달리고 버둥거리고 가물가물거리고 꼴깍 숨넘어가게 생겼는데 또 쿵, 대못이 빠지고 바닥에 덥석 무너져 가쁜 숨 펄떡펄떡

쏟아내고 침 흘리고 닦고, 눈에는 눈물
무대 쪽창에 새어든 토막 빛에 그 눈물 빛나고….
한쪽 다리가 없는 미남(장환)이 등장하며

미남 역 장환(V.O)　　　아빠. 아빠, 아빠

반갑게 부르며 들어오는 장환(미남 역). 흐트러진 방안을
한번 쭉 훑어보고는, (하다만 무대미술이 허술하다) 일상인
듯 대수롭지 않게

장환(미남 역)　　오, 운동 많이 했네.
　　　　　　　　(노래한다)아 아아아아 아 아 아아아아
　　　　　　　　이아아아 아

노래를 흥얼거리는 미남 역 장환

장환　　　　잘했어요~ 운동을 자꾸 해야 돼요~.
아버지　　　….
장환　　　　아빠, 이거 봐라. (돈을 보여주며) 오늘도
　　　　　　　평균은 했다. 헤헤.

이곳저곳에서 잔돈 꺼내 보고 콧노래 나오고

장환   배고프네. 배고프지, 아빠도? 조금만 기
                           다려.

라면 끓일 물 올리고, 흐트러진 방안 정리하며

장환   운동하는 건 좋은데 너무 어지럽히진 마.
                           이거 뭐야, 책은 다 꺼내놓고.

선식이 담긴 컵 들어 내용물 기득한 걸 보고

장환   또 안 먹었네. 왜 안 먹었어, 또?
아버지   ….
장환   비싼 거야. 돈 생각해서라도 먹어야지.

빨대 꽂힌 선식 쪽쪽 빨아먹으며 밥통 열어보고

장환   운동할 땐 영양 보충을 꼭 해야 돼. 아니
                           면 정말 큰일 나.

선반에서 미숫가루 봉지 꺼내

장환   라면 될 때까지 우선 먹어. 새로 타니까

꼭 먹어야 돼. (방 정리) 아, 진짜 지저분
하네. 이게 뭐야, 내일 순애 온다는데….

장환, 컵에 선식을 타서 뚜껑을 닫고 빨대를 꽂으면서

장환　　　순애, 아빠도 알지? 전에 말했던 애 말이
　　　　　　야, 최상무가 소개시켜 준….

아버지, 부들부들 떨며 겨우 움직여 벽에 손을 기대는데,
무대 벽 한쪽이 부서진다.

재현　　　괜찮으세요? 선배님. (모두에게) 잠깐 쉴
　　　　　　게요.
장환　　　선배님. 죄송해요. 무대가 왜….
재현　　　선배님. 쉬는 김에… 처음 앞부분에 힘겹
　　　　　　게 몸을 움직일 때 그 부분이 너무 힘들고
　　　　　　느려서 지루한 거 같아요.
석용　　　음… 그럼 동작을 좀 줄일까?

한쪽에서 지현과 석용이 이야기하는 중에 장환은 누구를
찾는 듯 무대를 왔다 갔다 한다.

재현	그거보다는 약간 코믹스럽게…, 이건 연기다라고 보여주는 건 어떨까요?
석용	그럼 관객을 보면서… (행동을 취하며) 이렇게 이렇게… 아주 느리게 하면서, 힘들어하면….

재현과 석용이 서로 웃으며 연기를 확인하는 것과는 별개로 왔다 갔다 하던 장환.

장환	(재현과 석용에게) 난, 개콘은 싫어. 연극적으로 해줘요. (무대 보며) 이거 위험하게 본 공연이 얼마 안 남았는데. 무대 세트 제대로 안 해두면 어떡해! 무대감독 어딨어?

재현과 석용은 서로 연기 이야기 중에 한쪽 구석에서 몸을 둘둘 말고 누에고치처럼 웅크리고 있던 누군가가 부스스 일어난다. 금주다.

금주	무대비를 줘야 제대로 합판도 올리고, 석고도 치고, 벽지도 바르고 하지.
장환	깜짝이야! 언제 왔어?

금주	아까부터 있었어. 저쪽 뒤에 계~~속 있었고 주구장창 있었어. 너무 피곤해서 자느라….
장환	주구장창 있을 거면 무대를 제대로 만들지 왜 잠만 퍼 자?
금주	내가 왜 여기서 자고 있는 줄 알아? 집에 들어갈 차비가 없어서. 집에 들어가도 도시가스랑 전기가 끊겨서. 나 조까(조카) 덕에 노숙자 신세 됐어. 아니?
장환	(한숨) 알았어. (지갑을 꺼내 현금 있는 걸 몽땅 주며) 일단 필요한 거 사 와서 고쳐. 그리고… 냄새난다. 좀 씻어라.
금주	(돈을 야무시게 챙기며) 나 원래 조소 전공이야. 동기들은 부드러운 흙으로 아무거나 빚고 있어서도 뒤에서 백허그 사랑고백받고 있을 때, 난 조까 잘못 만나서 대가리 못 망치로 내려치며 팔뚝에 근육만 키웠다고. 자식을 키워도 모자랄 나이에.
장환	그건 이모 성격 탓, 얼굴 탓이지.
금주	내 성격이 어때서? 엉? 내 얼굴이 뭐가 어때서?
장환	분장실에 거울 많으니까 좀 보든가.

장환, 분장실로 들어가며 무대를 발로 찬다.

금주(V.O)   성격 파탄자…!

장환의 뒤를 따르는 재현.

/Long take shot[※]/

장환 분장실로 이동하면서 공연 스태프들 /Frame/I.O[※]/ 되고 재현, 장환을 따라가면서 이야기한다.

재현	무대는 이모 있으니까 어찌어찌 되겠지만 문제는 조명이야. 선납 없이 조명기 못 들여놓겠대.
장환	걔들 돈독 올랐대? 우리랑 하루 이틀 거래한 것도 아니면서 갑자기 왜 그래?

본 장면에서는 롱 테이크 기법으로 장환이가 연극이라는 다른 세계로 들어간다는 연출의도를 넣었다. 뿐만 아니라 장환이의 시점으로 본 장면만 화면에 담아주어 장환이의 감정 중심으로 연출을 하려고 했다.

이 장면에서 카메라가 장환이를 따라 이동하며 장환이와 같이 공연 스탭들이 화면 안에 들어왔다가 장환이가 이동하면 화면 밖으로 나가는 모습을 보여주고자 하였고, 연극무대 밖에서 스탭들이 무슨 일을 하고 있는 지 보여주는 것과 동시에 인물들을 소개하고자 이렇게 표현하였다.

재현	그게…. 지난 공연 조명비를 아직까지 완납 못 했거든.
장환	뭐? 야 그게 무슨… 하….
재현	어디 돈 좀 융통할 데 없냐?
장환	대표는 넌데 니가 해결해야지. 나 보증선 거 누나가 아직 몰라. 알면 나 집에서 쫓겨난다 진짜.
재현	너는 아직도 니 와이프를 누나라 부르냐?
장환	몰라. 와이프 같아야 와이프라 하지. 그냥 누나야. 아주 그냥 잔소리 많은 누나.
재현	(한심하다는 듯) 휴. 너도… 참…. (사이) 진짜 없냐?
장환	나라도 팔래? 극장 오면 이모가 갈구지, 집에 가면 와이프가 갈구지. 연기하랴 눈치 보랴 정신이 하나도 없구만. 글구 나 이번 공연 때문에 보증까지 섰잖아. 기보 보증건 거 이거 걸리면 집에서 쫓겨나.
재현	보증은 너만 섰냐? 나도 섰어. 인마! 너만 마누라한테 쫓겨나냐? 난 집주인한테 쫓겨나. 그래도 넌 월급 따박따박 받아오는 마누라, 아니 누나라도 있지. 난 노인연

금 타 먹는 팔순 노모한테 붙어산다. 알
지? 노인연금 십몇만 원으로 한 달 버터
야 하는 거. (한숨)
막말로 이 작품 내가 하자 그랬냐? 니가
하자며. 평생소원이라며. 난 원래 부자집
애들 연애하는 이야기, 코미디 장르 좋아
해. 로코. 그런 거. 연극판 가난이 지긋지
긋한데, 너 때문에 저 미숫가루 먹는 작품
을 하고 있다 내가!

장환   두고 봐. 내 덕에 연극계가 연출가 장재
현을 다시 보게 될 테니까.

재현   이거 망하면 다시 보나 마나 우리 둘 다
끝이야. 연극이고 뭐고 평생 빚이나 갚으
면서 살아야 된다고.

장환   (멈춰 서서 재현을 보며) 안 망해. 그런
소리 입에 담지도 마.

재현   (한숨) 좀 이따 김 팀장 만나기로 했으니
까 뭔 방법 있나 알아볼게.

장환   그래. 너 능력 있잖아. 스폰 두어 개만 잡
아와라.

짜증 난 재현 얼굴.

S#16
공연장/분장실

분장실로 들어오는 장환. 자신의 상황이 답답하고 원망스
러운지 대본을 던진다. 의상을 갈아입기 위해 겉옷을 벗고
는 자괴감만 드는지 두 손으로 머리를 감싸 쥔다. 채린이
조용히 들어와 좀 떨어진 곳에 앉는다.

채린	괜찮아요?
장환	(아무 일 없었다는 듯이 옷을 주섬주섬 입으며) 괜찮지 그럼…. 걱정할 거 없어. 공연 앞두고 다들 예민한 것뿐이야.
채린	얼핏 들으니까 돈 문제 같던데.
장환	(웃음) 우리가 언제는 돈 싸 들고 공연 만들었냐? 없으면 없는 대로 있으면 한

잔 더.

채린 선배는 참…. 멋이 있어. 돈이 없어도 궁상맞지 않고 돈이 있어도 허세 안 부리고.

장환 멋은…. 나도 돈에 깔려 허세 좀 부려봤으면 좋겠다. 하하하!

채린 맥주 한잔하실래요? 오늘은 제가 살게요.

장환 됐어. 안 마시면 그만이지 너한테까지 얻어먹기 싫다.

채린 뭐가 어때요? 맨날 선배만 사란 법 있나?

장환 아버지가 그러셨거든. 여자랑 후배한테 얻어먹을 바엔 그냥 굶어라.

채린 이게 허세지. 선배 지금도 효진 언니한테 얻어먹고 살잖아요.

장환 ….

채린 아… 죄송해요.

장환 사실인데 뭐.

채린 진짜 죄송해요. 그냥… 선배가 축 처져있는 게 속상해서 재밌자고 한 말이….

장환 됐어. 진짜 괜찮아.

채린 저 대학로 처음 나와서 아무것도 모를 때, 선배 아니었으면 이용만 당하다 끝났을 거예요. 이렇게 무대에 설 수 있게 해준

사람도, 이상한 놈들한테서 지켜준 사람
도 다 선배였어요. (좀 더 가까이 다가앉
으며) 저는 고마운 거 아는 사람이에요.
그러니까 선배도 조금은…. 아주 조금은
저한테 기대도 되잖아요.

장환 (짧은 한숨) 채린아….

채린 네…?

장환 그날은 나도 너무 취해서…. 우리 그냥
잊자. 응?

채린 선배는 그게 돼요?

장환 나도 힘들어. 힘들지만…. 나 같은 놈 말
고 널 진짜 귀하게 대하는 사람 만나야
지. 떳떳하게 사랑해 줄 수 있는 사람….

채린 선배가 이런 사람이라서 자꾸 더 좋아…
지잖아요

장환 (말 끊으며) 그만해.

채린 선배 인생에 없는 듯이 있다가 사라질게
요. 많이 안 바랄 테니까 조금만요.

설레고 심란하고. 장환이 감정을 누르고 눌러 겨우 채린의
등을 토닥토닥… 그저 선배인 양.
그때 분장실 문이 벌컥 열린다. 들어오는 금주. 채린이 벌

떡 일어나 금주에게 까딱 인사하고는 휙 나가버린다. 금주
가 채린이 나간 쪽과 장환 쪽을 번갈아 쳐다보며 가자미눈
을 뜬다.

금주	뭐지?
장환	이모 왜 아직 여깄어?
금주	(킁킁거리며) 이거 무슨 냄새야?
장환	냄새?
금주	솜사탕 냄새 같은 거 안 나니?
장환	아니.
금주	달달해. 쟤하고만 있으면 달달한 냄새가 진동을 한단 말야.
장환	뭐래?
금주	니들 뭐 있냐?
장환	있긴 뭐가 있어?
금주	있는데~~
장환	헛소리 그만하고 가서 벽이나 제대로 만들어.
금주	있어. 분명히 뭐가 있어. 조만간 내 눈에 딱…! (하며 나가다) 나 오늘부터 니네 집에서 잔다.
장환	뭐??

금주	아까 못 들었어? 도시가스도 끊기고 전기도 안 들어온다고. 밀린 공과금 낼 때까지 당분간 숙식 제공. 알았지?
장환	나 요즘 꽉 잡혀 사는 거 몰라? 재현이네서 자.
금주	이게 미쳤나? 어디 순결한 처녀를 호랑이굴에 제물로 바칠라 그래?
장환	이모가 어딜 봐서 순결한 처년데?
금주	그렇게 나온다면 지금 당장 질부한테 전화해서 채린이 저 기집애랑 너 사이에 솜사탕 냄새가 달달하니~~
장환	아! 알았어! 알았다고! 에잇! 나도 모르겠다. 이모고 마누라고! 여자들 다 싫다 싫어.
금주	응. 나도 마찬가지야. 나도 여자는 싫어. 남자가 좋지.
장환	빨리 가서 벽 좀 다시 세워놓지!
금주	흥! 성격 파탄자…!

해장국에 소주 한 잔.

금주	너희 부부는 잘 지내냐?
장환	(쩝쩝거리며 퉁명스럽게) 못 지낼 거 뭐 있어. 그냥… 가족이야, 가족. 나하고 이모처럼.
금주	그래도 예쁜 1호기가 쏙 하고 잘 나왔잖아?
장환	1호?
금주	그래 1호. 하늬 말이야.
장환	응. 예쁘지…. 세상에서 나의 첫 번째.
금주	2호 계획은 없냐?

장환	계획은⋯. 가족이라니까, 와이프하곤. 가족끼리 그게 되겠어?
금주	그래도 요즘 세상에 질부 같은 사람 없어. 누가 남편이 돈도 못 버는 연극쟁이 하는 걸 봐주냐.
장환	그건 결혼할 때 실력 있는 사람 밀어주기로 했단 말이야. 내가 실력 있으니 연극하고. 집사람은 돈 벌고⋯. (말끝을 흐리는 장환)
금주	지랄. 니가 말하고도 미안하지?
장환	내가 성공하면 돼. 다 해결될 거야.
금주	성공? 집안일 건사나 잘해.
장환	내가 못한 게 뭐 있는데?
금주	형부. 니 아빠. 몸도 안 좋아 보이시던데 시골에 혼자 둘 거야?

대답하려다 말고, 소주 한 잔 원샷을 들이키고. 화가 난 눈빛으로 금주를 보며

장환	이모! 몰라서 물어? 어릴 때 일 나가서 몇 년씩 있다가 들어오질 않나. 집에 오면 술 먹고 때리고, 다 때

려 부수고, 내 어릴 적 친구들은 내가 아빠 없는 앤줄 알았다고! 그거 알아!!

금주   그래도 아빠 아니야. 아빠.

장환   아빠면 뭐? 뭐?

아직도 아빠한테 맞은 데가 아파. 생각만 해도 아프다고.

내가 빨리 독립하려고 서울 와서 그지 새끼처럼 지낸 거 알잖아. 새벽에 우유도 돌리고, 낮에 알바하고, 저녁에 연극하고. 내 20대는 그렇게 다 보냈다고.

금주   알아. 너 고생한 거.

그래도 너 결혼할 때 형부가 퇴직금과 꿈쳐둔 돈 탈탈 털어 너 결혼자금 대줘, 지금 집이라도 전세 얻는 거 아니야.

장환   그 돈? 그거 엄마가 번 돈이 대부분이야. 엄마가 매일같이 남의 집 일 도와주고 모은 돈. 아빠 돈? 그거 오윤이 공부 잘한다고 유학비 대주고, 생활비 대주고. (흥분, 눈물)

돈 받은 거 칠라치면 오윤이 새끼가 모셔야지. 씨발. 내가 장남이라고 한 번이라도 아들 대접해 준 줄 알아?

금주	아이씨. 너 이렇게 흥분할 거야.
	형부가 언니 죽고 나니 안쓰럽고, 몸도 안 좋아 보이고 그래서 그런 거지. 넌, 과거 일을 이렇게 미주알고주알 써내고 그래…!
장환	안쓰러우면 이모가 모시고 살아!!
금주	야. 내가 집이 있냐? 임자가 있냐? 나도 좀 너희 집에 있으면 안 되겠냐?

술 먹어 풀어진 눈동자를 커다랗게 뜨며 황당하다는 듯이 금주를 쳐다보는 장환.

가장 외로웠을 금주

금주는 현금순의 나이 차이 많이 나는 친동생이다. 금순이 장환이를 낳고 나서 채 두 달이 되기 전에 금순의 어머니는 금주를 낳았다. 금순의 어머니는 늦둥이 금주를 낳았지만, 산후통으로 돌아가셨다. 큰언니 금순이가 동생인 금주를 젖 먹여 키웠다. 당시엔 아이를 일곱 여덟 낳는 것이 비일비재하던 시대여서 큰 아이가 동생들을 키우는 일이 많았으니 흉도 아니다. 농경사회에서는 자식이 많을수록 부족한 일손을 든든히 채울 수 있으니, 자식이 많으면 부자였다. 그런 풍토이니 될 수 있는 한 많이 낳고, 힘을 쓸 수 있는 아들을 많이 낳는 것이 미덕이다.

금주의 어머니는 금순이를 낳고 난 후 아들을 낳으려고 했지만 몸이 약했던 탓에 아이를 갖지 못했다. 아이가 들어서도 몇 번의 유산도 있었다. 그러던 중 늦둥이로 금주를 낳게 된 것이다. 금주는 장환이보다 두 달 차이 나는 동생 뻘이지만 항렬상 이모이다. 복잡해 보이지만 어릴 때는 장환이와 금주는 형제처럼, 친구처럼 같이 자랐다. 이들도 사춘기 들어서고 나서야 이모 조카 사이라는 것이 마냥 편한 사이가 아니라는 것을 인식했을 뿐이다.

금주는 미대 조소과 출신이다. 4년 장학금 조건으로 대학에 입학할 정도의 수재였다. 이미 학생 시절에 '닭'이라는 주제로 개인 전시회를 열 정도로 인정받는 재능이었다. 학교 다니던 어느 날, 학교 앞 비너스 조형물에 닭대가리를 찰흙으로 빚어 올린 대가로 재물손괴죄로 입건된 사건이 있었다. 그 일로 유치장에서 이틀을 복역하고 학교에선 제적당했다. 당시 대통령을 비방하는 듯한 정치적 표현은 예술이라도 용납되지 않던 시기였다.

이후 변변한 대학 졸업장도 없고, 예술가로 활동하기엔 가진 돈도 기반도 없었다. 그래서 일하러 들어간 것이 연극 무대이다. 무대감독이 되었다. 그나마 장환이가 먼저 대학로 연극 무대에서 활동하고 있었기에 어렵지 않게 대학로에 진입할 수 있었다. 효진이하고는 사석에서 언니라고 부르던 관계였다. 효진 언니가 장환이와 결혼하기 전까지는 말이다. 현재 공식 명칭은 조카의 아내 즉, 질부이다. 금주, 장환, 효진이는 이미 연극계에서 일하며 선후배의 유대감이 있었다. 그리고 가족 관계이다.

가난하고 기댈 곳이라고는 언니밖에 없는 금주는 언니를 잃고 난 뒤에는 어찌 보면 가장 힘든 상황에 놓여 있는 인물이다. 서울은 오래 살았지만 타지이다. 돌아갈 가정도 없이 월세방에서 근근이 지냈다. 기댈 가족이라곤 이제 조카 장환이 밖에 없다. 그러나 현실을 탓하고 원망하지 않는다. 언제나 밝고, 때론 뻔뻔하게 살아간다. 그렇기에 밉지 않다. 사슴 같은 눈망울에 아담한 코에 아담한 키, 연약해 보이기도 하지만 털털한 말투와 행동은 모두가 그녀를 편한 언니 동생처럼 대하게 만든다. 그것이 그녀가 가지고 있는 생존 필살기인 듯하다.

영화를 보는 내내 금주 때문에 관객이 웃고, 금주 때문에 힘을 얻을 것이다. 금주는 이렇듯 관객과 인물 속 주변을 위로해 주고 또한 재미를 주는 캐릭터이다. 이 영화에서 금주의 인생 중 상당 부분은 이 스토리에는 빠져있다. 넣었다가 빠진 부분도 있다. 영화 시나리오라는 특성상 시간의 제약을 받기 때문에 모든 인물을 다 다룰 수가 없었다. 중요한 것은 금주라는 캐릭터는 한국 사회의 서열관계, 가족관계를 비틀어 보여주는 위치에 있으면 된다. 금주라는 인물은 가식이나 위선적인 모습이 없다. 전통적인 관습과 현대 문화와의 부조리한 충돌 속에서도 어떻게 건강하게 살아갈지 보는 재미를 느낄 수 있었으면 한다.

S#18
장환의 집 (실내/아침)

/F.I/

동네 /Full shot/ 장환 다세대 주택 전경.

/자막/ 6개월 후

아침 햇살이 장환의 집을 비춘다. 거실에서 TV를 보고 있
는 용태. 효진은 머리에 수건을 감은 채 커피를 내리고 있
다. 토스트기에서 식빵이 톡 튀어나온다.

   효진   자기야! 하니 좀 깨워.
   장환   (잠이 안 깬 소리로) 으응.

마지못해 옆에서 자고 있는 하늬를 마구 뽀뽀하는 장환. 귀찮다는 하늬.

장환   하늬야. 유치원 가야지~

하늬는 여전히 자고 장환도 다시 잠든다. 하늬가 나오지 않자,

효진   복장환! (잠깐 시아버지 눈치 보고) 자기야! 하늬 좀 깨우래도. 깨워서 좀 씻겨. 자기도 오늘 일찍 나가야 한다 그랬잖아.

스트레스로 인해 혼잣말을 구시렁거리는 효진. 본인은 혼잣말이지만 집안에 다 들린다.

효진   이름 하난 참 잘 지으셨어. 복장 터진다 진짜.

그 말 듣고 용태가 하늬를 깨우러 들어간다.

용태   (하늬를 다독이며) 하늬야. 아침 먹고 유치원 가야지.

하늬	(눈도 안 뜨고) 으응… 유치원 가기 싫어.
용태	(허허) 할애비서껀 놀러 갈까?
하늬	(눈 반짝 뜨며) 웅!
효진(V.O)	괜한 소리 하지 마시구요 아버님. 유치원 빠지는 거 습관 돼요.
용태	안된대여 니 어매가. 어여 세수하고 밥 먹고 할아버지서껀 유치원 가자.

침대에 올라가고 싶어 낑낑거리는 밍밍을 안고 거실로 나가는 하늬. 졸린 와중에 밍밍이 밥부터 챙긴다. 어깨가 축 처진 장환이 하품을 하며 안방에서 나온다. 용태가 아들의 모습을 안쓰럽게 쳐다본다.

식탁에 차려진 아침상. 쨈과 토스트, 커피와 우유 정도다. 입안이 깔깔한지 물 한 컵 마시는 용태. 장환이 아버지 눈치를 슬쩍 본다.

/Cut to/

용태 앞 접시에 반쯤 먹고 남은 식빵. 커피도 거의 그대로다.

효진	다 드셨으면 지금 나가서야 돼요 아버님. 버스가 매번 먼저 와 기다리는데 거기가

오래 정차하기 좀 그렇다면서 유치원에서 연락이 왔거든요. 5분만 먼저 나와 달라구요.

용태   그려? 하늬야. 어여 인나자.

효진   서둘러 복하늬! 니가 맨날 늦잠 자서 지각하잖아.

하늬   나 때문 아니야. 할아버지가 느릿느릿 걸어서 그래. 하늬는 총알처럼 달려갈 수 있는데.

효진   그럼 돼 안 돼? 차 다니는 길에서 뛰면 위험하다고 했어 안 했어?

하늬   안 뛰어.

효진   얼른 가. (용태에게) 아참, 아버님 오늘 제가 좀 늦어요. 하늬 저녁으로 치킨 좀 사다 놔 주세요. (지갑에서 돈을 빼면서) 여기 돈 있어요.

용태   치킨?

효진   네, 아버님. 저희 집 횡단보도 건너면 KFC라고 있죠? 빨간색 간판으로 되어 있는 곳이요.

용태   (며느리한테 돈 받는 것도 머쓱한지) 나도 돈 있다.

효진	아버님 이걸로 하세요. (재촉하며) 하늬
	늦어요. 먼저 데려다주세요.
용태	(돈을 받으며) 그래 알았다.
하늬	다녀오겠습니다.

배꼽 인사하고 후다닥 나가는 하늬.

| **효진** | 하늬야. 뛰지 말라니까. 차 조심…. |

효진 말하는 데, 쿵! 닫힌 문 뒤에다 말하는 효진.
용태가 둔한 몸으로 서둘러 뒤따른다.

S#19
횡단보도 (실외/아침)

주택가 도로를 걸어가는 하늬와 용태.

뒤에서 성질 급한 자가용 운전사가 빵빵댄다. 용태의 걸음
이 느려 빨리 옆으로 피해 주지 못한다. 또 뒤에서 '빵빵' 거
리는 클랙슨 소리.

용태, 승용차를 향해 버티고 서서 눈을 부라려보지만 그저
늙은이 반항일 뿐. 젊은 운전자는 오히려 큰소리친다. 하늬
가 할아버지 손을 잡아끌어 간신히 옆으로 비키자 '쉬웅~'
소리 내며 신경질적으로 앞으로 지나가는 승용차.

용태   저런 씨브럴 놈!

하늬   할아버지.

용태   놀란거 우리 하늬?

하늬	난 하나도 안 놀랬어. 근데 할아버지 땜에 놀랬어.
용태	왜?
하늬	아빠가 할아버지는 늙어서 힘이 없다 그랬거든. 그래서 하늬가 할아버지 말도 잘 듣고 잘 도와드려야 된댔어. 근데 할아버지 방금 짱 멋있었어. (비밀인 양) 아빠보다도 멋있었어.
용태	허허. 진짜?
하늬	그래도 다음부턴 그러지 마. 잘못 걸리면 얻어터진댔으니까.

쩝…. 할 말을 잃고 손녀를 쳐다보는 용태.
횡단보도 신호등 앞에 선 하늬와 용태.
용태와 하늬 앞으로 굉음을 내며 쉭쉭 지나가는 차량들.
조그마한 하늬 손이 용태의 손을 살포시 잡는다.
하늬와 용태, 서로 마주 본다.
기분이 좋아지는 용태.

용태	하늬는 우리 집에서 누가 제일 좋아?
하늬	밍밍이.
용태	개새끼 말고 가족 중에서.

하늬	밍밍이도 우리 가족인데?
용태	(허헛) 그럼 사람 중에서.
하늬	음… 그건… 그건…. (거짓말은 못한다. 조그만 소리로) 난 우리 가족 다 좋아.
용태	그려…. 그럼 엄마가 좋아 아빠가 좋아?
하늬	엄마! (했다가 눈치 보며) 랑 아빠.
용태	(혼잣말처럼) 아버지는 개헌테 밀리고 아들은 마누라헌테 밀리고…. 허….

도착한 유치원 버스.

하늬가 타고 붕 떠나고 혼자 남은 용태.

/음악/

/full shot/F.O/블랙/사이

아버지를 모시고 살게 된 장환 가족

　이 시나리오의 초고를 쓰고 난 다음에 배우분들 몇 분을 초대하여 리딩을 했다. 리딩 후에 배우들께 치킨과 맥주를 대접했다. 자리가 편안해지니 한 배우분이 극중 속 효진이가 얄미웠다고 말해줬다. 의도하건 하지 않던 간에 그렇게 비춰졌다면 상황 전달이 잘 되었다고 생각됐다.

　장환이네 경제적 가장은 효진이다. 효진이는 돈 못 버는 남편을 바라보면 성공하지 못하고 몸부림치는 것이 안쓰러우면서도 가정생활에 열정이 없는 것이, 아니 없어 보이는 것이 불만이다. 일단 애라도 잘 챙겨줬으면 좋겠는 데 남편은 효진이의 맘과 다르게 행동한다.

　이 집안에서 유일하게 정해진 출근 시간이 있는 사람은 효진이뿐이다. 이렇게 바쁜 출근 시간에 시아버지까지 모시고 있으니, 가족들 모두의 식사까지 챙겨야 한다. 전에는 딸 하늬 먹을 것만 챙겨도 되었다. 시간이 없는 날에는 남편에게 시키면 된다. 그러나 시아버지와 함께 살기 시작하면서는 일상이 바뀔 수밖에 없다. 올라오신 지 얼마 되지 않았을 때는 긴장하며 조심스러운 부분이 많았을 것이다.

그렇게 6개월이 흘렀다. 그 정도 함께 살면 익숙해질 법하다. 바쁜 일상에 효진이는 말이 빨라질 수밖에 없을 것이고, 한두 번 말하면 그다음부터는 가족이 알아서 척척해주면 좋겠지만 언제나 똑같은 말을 반복해야 되는 스트레스가 있다.

반면에 효진이의 빠르고 날카로운 목소리를 아침마다 듣는 사람도 스트레스 일 것이다. 더욱이 경제권자가 말하면 듣는 사람 입장에선 명령처럼 다가온다. 누군가에겐 편함이 상대방에겐 불편함으로 다가오기 마련이다. 특히나 아들 집에 얹혀사는 용태의 입장에선 더욱 가시 방석이다. 인생에 처음이다. 아들 집에 얹혀사는 것 말이다. 아무 일도 하지 않고 주는 밥을 먹으니, 먹고 싶은 거조차 며느리에게 말하기 힘들다. 희미해져 가는 자신의 존재감, 어디 정붙이기가 쉽지 않다. 이런 상황에 며느리는 손녀 딸을 맡긴다. 너무 이쁘지만 어떻게 키워할지, 어떻게 놀아줘야 할지 모르겠다.

아들 장환이의 집에 와서 6개월 동안 아들 집에 적응하랴, 서울 생활에 적응하랴, 하루도 맘이 편한 날이 없다. 그쯤 되면 할아버지 용태는 무슨 생각이 들까?

S#20
공연장 (저녁/실외)

극장 뒷문.

담배 피우며 전화 통화를 하는 장환. 약간 초조해 보인다.

장환	아직 연락 없어서?
효진(E)	응. 아직….
장환	도대체 어딜 가신 거야? 짚이는 데 없어?
효진(E)	내가 어떻게 아니? 자기 요즘 아버님 이상한 거 못 느꼈어? 밤에 잠도 안 주무시고 거실을 왔다 갔다 하시잖아.
장환	그거야 나이 들면 다 그런 거 아니야? 집도 아직 낯설 테고.
효진(E)	밤에 주무시게 낮엔 참아보시라고 해도

낮잠을 몇 시간씩 주무시나 봐. 며칠 전엔 하늬 하원 시간인데 마중도 안 나가셨잖아. 깜빡 주무셨대. 근데 더 이상한 게 뭔지 알아? 유치원에 있는 걸 내가 퇴근하면서 데려왔는데 그때까지도 하늬가 집에 안 온 걸 모르시더라구.

장환 뭐? 그런 애길 왜 이제 해?

효진(E) 니가 일찍 일찍 들어왔니? 공연한다고 맨날 술 처먹고 오밤중에 들어온 게 누군데!

장환 (한숨) 그 얘긴 나중에 하고. 아버지가 가실만한 데 진짜 몰라?

금주가 담배를 피워 물며 다가온다. 입모양으로 무슨 일 있냐고 묻는 금주. 장환은 손짓으로 금주를 물리며.

효진(E) 혹시 치매 그런 거면 어떡하지?

장환 무슨 끔찍한 소릴! 우리 아버지 아직 괜찮아. 쌩쌩하시다구.

금주 형부한테 뭔 일 있어?

재환이 뒷문으로 나와 장환이 보고 들어오라는 시늉을 한다. 알았다고 제스처하고 통화하면서 극장 안으로 들어가는 장환. 쫓아가려고 급하게 담배를 쭉쭉 빠는 금주.

효진(E)	내 말 허투루 듣지 마. 하다못해 하늬도
	요즘 할아버지 좀 이상하다 그러니까.
장환	하늬는 또 왜?
효진(E)	할아버지가 오목 두다가 자꾸 화를 낸대.
	우리한텐 무뚝뚝해도 애하고는 잘 놀아
	주셨잖아.
장환	(한숨) 미치겠네⋯.
효진(E)	일단 아버님부터 찾고. 그 담에 병원 예
	약해서 모시고 가자.
장환	일단 알았어. 나 들어가야 해 공연 시작
	할 시간이야.
효진(E)	오늘은 술 먹지 말고 끝나면 바로 들어
	와. 알았지?
장환	알았어.

S#21
공연장 안

카메라 장환을 따라 들어간다. 복도 안에서 재현을 만난다.
대화하면서 분장실로 이동하는 두 사람.

재현   반응이 나쁘지 않아. 댓글이 무려 백 개
              도 넘게 달렸다니까.

장환   그거 다 지인들이 쓴 건데 뭐.

재현   넌 왜 기뻐할 줄을 모르냐? 이 정도면 선
              방이야.

분장실에서 공연 들어갈 준비하는 장환. 그때 쫓아 들어오
는 금주. 오두방정이다.

금주	뭐야? 형부가 왜?
재현	아버님?
장환	아직 집에 안 들어오셨대.
재현	난 또. 지금 7시 밖에 안 됐어.
금주	형부가 서울 바닥에 갈 데가 어딨어?
상환	그러니까.
금주	길 잃어버리셨나?
장환	아무래도 찾아봐야 될 거 같지?
금주	질부가 찾아본대?
장환	오후에 유치원 전화받고 급히 나왔었나 봐. 지금 하니 저녁먹이고 있는데.
금주	(장환의 등짝 때리며) 그러게 핸드폰 싼 거 하나 사드리라니까!
장환	사드린다 그랬지! 근데 싫다는 걸 어떡해. 맨날 집에만 계시는데 핸드폰이 뭔 필요 있냐 그러시는 걸 어떡하냐고.
금주	안 되겠다. 나라도 가서 찾아볼게.
재현	나도 같이 갈까?
장환	오늘 마의 둘째 날이잖아. 연출까지 자리 비우면 큰일 나.
금주	나. 간다. 공연 끝나면 문자 확인부터 해.
장환	응.

금주, 서둘러 나간다.

재현   뭔 일이냐 진짜….

백스테이지를 지나 무대로 향하는 장환.

S#22
공연 무대

무대엔 장환, 석용, 채린 위치에 있다. 무대의 불이 켜지고, 아버지 역, 바들바들 떨며 바지 입으려 한다.

"이봐 미남이 총각" 아줌마, 다가오는 소리 들린다. 아버지 역, 바들바들 떨며 바지를 입으려 하다가 못 입자 이불로 가려보지만 늦다.

장환(미남 역) (대사한다) 뭐야 또 아줌마.

아줌마, 쟁반에 먹을 걸 잔뜩 들고 들어온다. 아버지, 이불 속에 쏙 들어간다.

영주(아줌마 역) (대사한다) 미남이 총각. 헤헤헤~, 이거 받아.

장환(미남 역)   (대사한다) 뭐예요?

영주(아줌마 역)   저녁때가 됐는데 색시 시장할 거 같아서.

장환(미남 역)   아, 우리도 밥해 먹을 거예요. (하면서 얼른 받아 열어보는)

영주(아줌마 역)   (능청스럽게 대사한다) (이불 속에 있는 아버지한테) 하이고, 뭐 그리 숨어 있수. 다 늙어 가지고 그깟 빤스 좀 봤다고? 쳇, 좀 보면 어때, 우리가 뭐 한 두 해 봐왔수?

키득키득 웃는 관객들

영주(아줌마 역)   볼 거 못 볼 거 다 봤다면 봤다는 사인데, 이거 왜 이래요?
(이불 휙 걷어내고) 어여 일어나 저거 같이 드시우. 며느리 될 사람, 내 보기엔 눈에 넣어도 안 아프겠수, 그래 처져만 있지 말고 (아버지를 일으켜 앉힌다) 어여 일어나 같이 식사도 하고 얘기도 하고….

아버지, 고맙고 또 민망한. 그런 모습을 가만히 지켜보는 장환.

영주(아줌마 역)   하이고, 색시 이름이라도 좀 물어봅시다.

채린(순애 역)   (대사한다) 순애라고 불러주세요.

영주(아줌마 역)   순애? 하이고, 예쁘다.

    (아저씨를 보며) 이제 됐수. 착한 아들에 착한 며느리 만났으니 이젠 이젠 됐수.

연기하는 아버지 역, 고개 끄덕끄덕.
장환이… 아버지를 계속 멍하니 보고 있다. 아버지 역할 석용이 아버지 용태처럼 느껴지는 장환. 눈물이 그렁.

장환(미남 역)   (혼잣말로) 아프고… 많이 늙었다… 아버지.

장환이에게 대사하라고 눈치 주는 석용.
재현 무대 뒤에서 당황하며 어쩔 줄 몰라 한다.
참다못한 석용 대사한다.

석용(아버지 역)   (부들부들 떠듬떠듬) 미남아… 언…제…. 며느리

장환 눈치를 보며 연기하는 영주. 모두 어설퍼진 연기들.

영주(아줌마 역)	순애 씨, 내가 보증할게. 우리 미남이 총각 정말 정말 괜찮은 사람이야. 알지?
채린(순애 역)	(장환에게 눈치 주며) 그럼요.
장환(미남 역)	(눈물 닦고 정신 차리고 대사한다) 아직 며느리 아니에요. (순애에게) 미안해, 응?
영주(아줌마 역)	능력도 있어. 두고 봐, 부자 될 사람이야. 내가 보증 선다니까. 보석상 할 거야, 보석상. 맞지? 맞지?
장환(미남 역)	(아줌마에게) 계속 말씀해 주세요.
영주(아줌마 역)	앞으로 괜찮아. 지금은 밑천 마련하려고 시장에서 잠깐 일하는 거야, 알지? 그걸로 사람 판단하면 절대 미스야. 아, 그리고 그 시장 수입이라는 것도 짭짤해, 이거 왜 이래? 미남이 맞지?
장환(미남 역)	(능청 떨며) 계속 말씀하세요.

관객들 웃음소리(V.O) 관객 웃음소리에 안도하는 재현.
박수 치는 관객들 소리.

영주(아줌마 역V.O)응? 아, 미안해. 내 이거 또 수다가….
장환(미남 역V.O) 아니에요, 아니에요. 목사님 설교보다 나

앉어요. 헤헤헤.

영주(아줌마 역) 아무튼 잘해 봐요. 헤헤, 그럼 난 이만 바 빠서…. 디저트 관계로다가 이만…. (무 대 뒤로 나간다.)

재현 분장실로 향한다. 따라가는 카메라.

아버지(V.O) (아줌마 붙잡고 한마디) 고, 마, 워, 요.

미남(V.O) 저 아줌마 말 진짜 많지, 응? 교회에서 별 명이 수다수다. 왕수다야.

재현 분장실의 소품을 정리한다.

/Cut to/ 무대

한 명씩 나와서 인사하는 배우들.

관객들 환호소리. 박수소리.

S#23
공연장 분장실

재현(V.O)   수고하셨습니다!

분장실로 들어오는 배우들.
분장 지우고, 옷 갈아입고 있다.
분장은 지우지도 않고 평상복으로 갈아입은 장환이
핸드폰 문자를 확인하며 급하게 나가려고 하며

장환   (배우들에게) 오늘 수고 많으셨습니다.
석용   (짜증스럽게) 야, 복장환! 공연 대차게 망
             쳐놓고 그냥 가게?
장환   죄송합니다 선배님.
석용   배우가 공연 중에 멍 때리는 게 말이 되

냐? 영혼 다 빼놓고 그따위로 대사 늦게 주는데 내가 어떻게 받아? 안 그래도 힘들어 죽겠는데.

장환   죄송합니다 선배님. 집에 일이 있어 가지구요.

석용   누군 집에 일 없는 사람 있어? 난 엄마 돌아가셨을 때도 장례 치르다 와서 공연하고 다시 갔어. 그게 배우야 인마!

장환   먼저 들어가 보겠습니다.

석용   저 자식이 근데…!

재현   (붙잡으며) 죄송해요, 선배님. 제가 한잔 살 테니까 나가시죠. 영주 선배님! 채린아! 한잔하러 가게 얼른 나오세요.

영주   (나오며) 채린이 금방 갔는데?

재현   네? 못 봤는데…?

S#24
공연장 밖 (실외/밤)

잰걸음으로 튀어나오는 장환을 채린이 뒤쫓는다.

채린	선배!
장환	(걸으며) 어 어….
채린	무슨 일인데 그래요?
장환	나중에. 나 바빠서 먼저 간다.
채린	같이 가요. 어차피 선배도 지하철 탈 거 잖아요.
장환	(도로 쪽으로 손 뻗으며) 왔다. 택시 불렀어.

택시에 올라타는 장환. 채린이 억지로 따라 탄다.

장환	너 왜 이래?
채린	같이 가요.
장환	뭐?

/Cut to/

S#25
택시 안 (밤)

말없이 어색하게 앉아 정면만 바라보는 장환과 채린.

/Cut to/

나란히 서 있는 장환과 채린.

택시 안 모습과 표정 거의 그대로. 그 앞에 마주 서 있는 효
진과 금주. 효진은 못마땅한 표정이고 금주는 역시 가자미
눈을 뜨고 있다. 하늬가 슬쩍 다가와 엄마 옆에 선다. 한 명
이라도 더 엄마 편에 가세하겠다는 듯. 밍밍이는 채린을 향
해 왈왈 짖어댄다.

장환	얘가 막무가내로 따라왔어.
채린	걱정이 돼서요.
효진	니가 왜?
금주	맹랑한 거지.
장환	아버지한테 선 아무 연락 없고?

효진	응.
장환	신고해야겠다.
효진	했어.
장환	뭐라 그래?
효진	아직 24시간 안 지났기 때문에 실종 신고 안 받아준대. 그리고 엄밀히 말해 실종이 아니라 가출이래.
장환	지들이 뭘 안다고!
금주	질부가 똑같이 말했어. 니들이 뭘 안다고!
장환	잘 했어.
효진	그래서 채린이 넌 이 밤중에 집까지 따라 들어와서 뭘 어쩔 건데?
채린	음…. 궁금해서요. 언니 걱정도 되고.
효진	(놀라워하며) 나? 진짜 나??
금주	(분위기를 보아하니 안 되겠는지) 나가 자. 내가 지하철역까지 데려다줄게.
장환	아무래도 지금 경찰서 가봐야겠어.
효진	이 밤에 경찰서 가서 뭐 하게?
장환	사진이라도 갖다 줘야지.

말하고 거실에 있는 액자를 내려 가족사진을 꺼낸다.

효진	그걸 가져가게?
장환	그럼 어떡해. 아버지 사진 이거밖에 없는데.
효진	핸드폰에 없어?
장환	없어. (갑자기 운다) 아버지 사진 있나 오면서 찾아봤는데 한 장도 없어.
효진	(장환을 애처럼 안아 달래며) 울지 마. 니가 아들인데, 정신 차리고. 글구 이거 어떻게 들고 가…. 아버님 얼굴만 핸드폰으로 찍어서 가.
장환	(미쳐 생각 못 한 자신이 멋쩍은 듯) 아…! (서둘러 사진 찍고는 울어서 코맹맹이 가득한 목소리로) 갔다 올게.
효진	잠깐만… 코 풀고 가.

효진이 장환 코에 휴지를 대준다.
효진이 대준 휴지에 장환이 코푸는 소리. '힝~'. 자연스럽고, 일사천리로 진행되는 상황.
채린은 이게 무슨 상황인지 얼떨떨하다. 그토록 멋있었던 선배가 이 남자 맞나 눈을 감았다 떠보는 채린의 표정.
장환이 신발을 신자 채린도 얼른 신발을 신는다.
장환이 나가자 채린도 얼른 따라 나간다.

효진 　 이모 눈에 재 정상처럼 보여?

금주 　 아니.

효진 　 재들 뭐 있지?

금주 　 아직 몰라.

효진 　 이모 장환이 편들면 나한테 죽는다.

금주 　 내가 미쳤다고 조카 편을 들어? 난 영원히 질부 편이야.

효진 　 밥 먹자. 저녁 굶었더니 배고프다.

경찰서 안 (실내)

(S#7와 같은 앵글로. 이어지는 장면)
당직 경찰과 이야기하는 장환.

장환   드디어 좀 편히 사시나 했는데 얼마 전에
어머니가 췌장암으로 갑자기 돌아가셨습
니다. 췌장암 어떤지 아시죠? 증상이 나
타났을 땐 이미 손도 쓸 수 없거든요.

경찰서 민원실에 있는 아무 종이나 집어 흘러내리는 콧물
을 푸는 장환.

경찰(V.O)   알겠구요. 그래서 가출하신지 몇 시간 됐

	다구요?
장환	가출이 아니라 실종이라니까요.
경찰	네~ 네. 실종이 성립되려면 여러 요건이 필요해서 아직은 가출이구요. 언제 나가셨다구요?
장환	시간은 정확하게 모르구요. 아무튼 서울에 아는 사람이 전혀 없어요. 가실 곳은 더더욱 없구요.
경찰	어쨌든 아까 낮에.
장환	네. 아마 4시 전일 거예요 4시에 하원 버스 마중 가셔야 하는데 안 나가셨다니까.

경찰 시점으로 보이는 벽시계. 밤 11시 20분을 가리키고 있다.

| 경찰 | (노골적으로 하품하며) 내일 다시 오세요. 4시 이후로. |
| 장환 | 제 얘기 좀 들어보시라니까요. (처음부터 다시 시작할 기세로) 아버지는 충북 괴산, 전기도 들어오지 않는 깡촌 출신이세요. 스무 살에 상경해서 서울 한 건설사에 다니셨구요. 현장 일을 하다 보니 결 |

	혼 전은 물론이고….
경찰	(짜증) 아아아! 그래서 복용태 씨 연세가 어떻게 되신다구요?
장환	52년생이요.
경찰	(컴퓨터 자판 입력하며) 52년생. 혹시 치매나 그런 거 있으세요?
장환	없습니다. 아니…. 요즘 좀 깜빡깜빡 하긴 하셨는데….
경찰	키.
장환	글쎄요. 저보다 이만큼 작으시니까….
경찰	(입력하며) 165 정도. 체중은요?
장환	마른 편이니까 한 55?
경찰	(입력하며) 55킬로. 혈액형은요?
장환	B형이요.
경찰	(입력하며) B형. 핸드폰 번호?
장환	없는데요.
경찰	(장환을 힐끗 쳐다보며) 예? 요즘 핸드폰 없는 사람이 어딨습니까? 효도폰은 얼마 하지도 않구만….

장환 얼굴에서 용태 얼굴로 /Cut to/

S#28
[회상] 어린이 놀이터 (실외/저녁)

/Extreme tight shot[*]/ 용태 얼굴

장환(V.O)   핸드폰 하나 사드릴게요. 효도폰은 비싸
                     지도 않아요.

용태   시려. 전화 걸 데도 없고.

어린이 놀이터 벤치에 앉아 이야기하는 장환과 용태.
조금 떨어진 곳에서 하늬가 미끄럼틀을 타며 놀고 있다. 모
르는 애들끼리도 어울려 금방 같이 논다. 까르르 웃음소리.

장환   요즘은 핸드폰으로 게임도 많이 해요. 고

여기 Voice Over에서 내레이션(NArration)으로 처리하지 않는 것은 상황을 설명하는 것이 아니
라 장환이 다른 장소에서 말하고 있는 것을 소리만 끌어온 것이고, 그 대사 내용을 여기 장면의 설
명처럼 보이게끔 장면 연출을 한 것.

	스톱 칠 줄 아시죠? 심심풀이로 하시면
	치매 예방도 되고 좋잖아요.
용태	아빤 화투도 칠 줄 몰러.
장환	제가 가르쳐드릴게요.
용태	너나 해여. 난 시려.
장환	(한숨) 어디 불편하신 데 있으면 참지 말고 말씀하세요.
용태	난 괜찮으니깨 너나 검사 종이 나오면 잘 받고 해여. 애비가 건강해야 가족이 다 편안헌거.
장환	네….
용태	(한참 만에) 행복허냐?
장환	(의외의 질문에 다소 놀라) 예??

/Cut to/ 장환 얼굴 정면 샷

| **용태(V.O)** | 행복허냔 말여. |
| **경찰(V.O)** | 자주 가시는 곳은요? |

(#7씬 같은 구도의 장환의 모습.)

장환 (모르겠다는 표정)….

경찰 몰라요? 그럼 가끔이라도 가시는 곳은요?

장환 놀이터나…. 글쎄요.

경찰 자주 연락하는 분은요?

장환 (모르겠다는 표정)….

경찰 그럼 가끔이라도 연락하는 분은요?

장환 ….

경찰 (키보드에서 손을 내려놓으며) 이 양반,
아버지에 대해 아무것도 모르면서 찾아
달라고 생떼를 썼네.

장환	CCTV라도 확인해 주세요. 집 앞이나 근처 어디나…. 요즘 CCTV는 어디나 있잖아요!
경찰	(장환을 잠시 쳐다보더니) 최근에 아버님이랑 말다툼하셨죠?
장환	아뇨!
경찰	그럼 아내분하고 하셨거나.
장환	그 얘긴 아버지가 가정불화로 가출하셨다는 뭐 그런…!

경찰서 유치장엔 취객인지 시끄럽다.

경찰	(유치장 쪽을 쳐다보며 짜증 난 목소리로) 야 시끄러! 조용히 좀 해! (부릅뜬 눈 그대로 장환을 보며) 노인 가출 90프로가 가정불홥니다. 이 집이나 저 집이나 들어보면 사연은 다 비슷비슷해요. 학대는 드물어도 무시나 방치는 쌔고 쌨죠!

경찰 기세에 놀라는 장환.

S#30
[회상] 장환의 집 (실내/늦은 오후)

문 여는 소리와 함께 현관문이 열린다. 퇴근해서 돌아온 효진. 거실에서 본 용태의 방. 용태와 하늬는 거실에서 오목을 두며 놀고 있고. 장환이는 통화하는 중이었는지 문 열고 빼꼼 쳐다보곤 눈인사하고 방으로 다시 쏙 들어간다.

효진이는 할아버지 용태의 열린 방문 틈으로 좁은 방이 너저분한 것이 보인다.

순간 자기도 모르게 화가 난다. 용태의 방으로 들어가 마음대로 옷가지를 그러모으는 효진.

효진　　　빨래는 방에 쌓아두지 말고 전부 내놓으시라니까요. (인상 쓰며 창문을 열어젖힌다) 아침에 환기 안 시키셨어요?

장환　　　　　(통화하다) 잠시만….

거실 쪽을 내다보는 장환.

용태　　　　　내 빨래는 내가 혀. 세탁기 넣고 돌리기
　　　　　　　　만 허면 되는 거 아녀.

효진(V.O)　　돌릴 때 한꺼번에 돌려야지 따로 빨면 수
　　　　　　　　도세 전기세 더 나온단 말이에요. 이렇게
　　　　　　　　쌓아두면 냄새나잖아요.

S#31
경찰서 (실내/밤)

장환의 속상한 표정

경찰(V.O)	혹시 최근에 생명보험 들어두신 거 있으면 미리 알려 주시구요.
장환	글쎄요…. 보험 들 정도로 여유 있게 지내신 게 아니라서 잘 모르겠는데요.
경찰	혹시 누군가한테 빚 독촉 받으시거나 그비슷한 낌새 같은 건 없으셨고?
장환	예?
경찰	아니면 선생님은 혹시 대출이나 제2금융권… 그러니까 사채라든지….
장환	(불쾌하고 짜증 난다) 도대체 뭐가 궁금

한 건데요? 아버지가 집을 나가셨어요. 서울에 아는 사람도 없고 갈 데도 없는 70 먹은 노인네가 이 늦은 시간까지 집에 안 돌아오셨다구요! 근데 대출이니 사채 니… 뭡니까? 제가 지금 빚 때문에 사기 라도 치는 걸로 보입니까?! 에?!!

경찰 (이것저것 괜히 서류를 정리하고 덮는다) 네. 일단 접수해 드렸으니까 집에 가서 기다리세요. 선생님 쪽에서도 혹시 아버 님 소식 있으면 저희한테 곧바로 알려 주 시구요.

장환 (마지못해) 이게 다예요?

경찰 원래는 이것도 안 해드립니다.

장환 (핸드폰을 내밀며 짜증 낸다) 이분이 저 희 아버지예요. 잘 보세요. 여기 이분. 원 래는 뭐해주는 건데! 찾아달라고! 도와달 라고 여기 온 거잖아요. 아나!

경찰 네. 네. 사진 전송해 주시고 가세요.

모든 일이 그냥 습관적인 일이라는 경찰의 행동.
장환은 기분이 몹시 언짢다.

S#32
거리/차 안 (실외/밤)

전화기에 떠있는 글자. '효진 누나'.
운전하며 스피커폰으로 통화 중인 장환.

장환	민중의 지팡이는 개뻑다구 같은! 아놔…. 내가 의사나 변호사나 그런 잘나가는 직 업이었어 봐. 응? 어디 사채니 뭐니 그 런…. 우쒸! 어디서 취조를 하고 말이야. 연극쟁이라 무시해?!
효진(E)	내가 신고전화했을 때도 피식피식 웃으 면서 내일 다시 하라 그러더라니까.
장환	지들이 누가 낸 세금으로 월급 받는지 따 끔하게 가르쳐 줬어야 했는데!

효진(E)	솔직히 넌 세금 거의 안 내잖아. 내가 다 내지.
장환	에이!! 이럴 때 꼭 그렇게.

통화하는데 용태와 비슷한 노인이 공원 벤치에 앉아있는 걸 본다. 벤치 위에 소주 병이 놓여있고 고개 푹 숙이고 있는 모습이 꼭 용태처럼 보인다.

장환	잠깐만! 내가 다시 걸게!

끊고, 차에서 후다닥 내리는 장환. 노인에게로 달려간다.

장환	아버지! 왜 여기….

하며 다가가는데 가까이서 보니 용태가 아닌 노숙인이다.

장환	아… 죄송합니다….

낙심하며 돌아서는 장환. 화도 나고, 울컥해서 하늘 올려다 본다. 까만 밤하늘.

S#33
장환의 집 거실 (D/다음날 오후)

해가 거실 안까지 길게 들어와 있다. 장환이 푸석한 얼굴로
통화 중이다.

장환　　　예. 알겠습니다. 그러니까 접수는 틀림없
　　　　　　이 된 거죠? 맞아요. 복자 용자 태자. 네.
　　　　　　잘 부탁드릴게요.

전화 끊자마자 벨이 울린다. 받는 장환.

재현(E)　　어디냐?
장환　　　집.
재현(E)　　아버진?

장환   아직.

재현(E)   소주나 한잔할래?

장환   아직 해도 안 떨어졌다.

재현(E)   언젠 해 떨어져야 마셨냐? 공연도 없는
            날인데 한잔하자.

장환   (한숨 내쉬며) 어디로 갈까?

S#34
포차 (실내/오후)

재현	(잔을 탁 놓으며) 아. 씨발 징그런 꼰대 새끼.
장환	(눈에 불꽃이 튄다) 그래서 채린이 불렀어?
재현	뭘 불러! 내가 개새끼냐? 배우 팔아 제작비 대게?
장환	(나지막이 욕설) 다시는 김 팀장 그 자식하고도 엮이지 마. 순 양아치 같은 새끼들… 돈이면 다 살 수 있는 줄 아나. 너, 채린이한테는 말하지 마라.
재현	그 정돈 나도 알어 인마. 근데 너 채린이 개랑 진짜 뭐 있긴 있는 거야?
장환	뭔 소리야?

재현	개가 자꾸 요상하게 굴더만. 너 보는 눈 빛도 막. 으 막. 아까 그 스폰 새끼 얘기할 때 니 눈빛도 막. 으 막.
장환	이 새끼가 취했나. 말 똑바로 해.
재현	이모가 걱정해. 너 요즘 맛이 간 거 같다고.
장환	담배 한 대만 주라.
재현	나가자.

담배 피러 나가는 장환과 재현.

S#35
포차 앞 (밤)

담배를 피다가

재현   너도 연락받았지?

장환   무슨 연락?

재현   기술보증.

장환   …. (한숨)

재현   이자는 어찌어찌 메꿨는데, 보증료는 또 뭐냐. 납입하고 전화 달래. 돈도 주고, 또 박또박 보고해야 돼. 상관도 그런 상관이 없어. x발.

장환   (한숨) 햐… 씹쉐들… 보증료가 얼마라고?

재현	2백구십…얼마던데…. 3백 조금 안 돼. 청구서 받은 거 사진 보내줄게.
장환	돈은 또 어디서 구하냐…. 미치겠다 증말. 어떻게 이렇게 한꺼번에 쓰나미 몰려오듯 몰려오냐.
재현	아버진 왜 갑자기 가출은 하시고….
장환	가출을 갑자기 하지. 새꺄! 영화냐 예고하고 하게! 속 불라 죽것는데. 염장을 질러요.
재현	별일 없을 거야. 너희 아버지… 워낙 강골이시잖아.
장환	강골이셨지.
	(사이) 보증료는 반반씩 구해보자.
재현	휴… 알았어. (담배 털고 나더니) 들어가자.

다시 포차로 들어가며 분위기 전환하듯이.

재현   옛날에…. 야~ 아버지가 중동에 도로 쫙!
악 깔고 다 하셨던 분인데.
기억나냐? 너하고 나하고 배우 되겠다고
몰래 집 나와서 서울 왔을 때. 그때 그…
무슨 식당이더라? 순애 집이었냐 순이 집
이었냐. 암튼. 거기서 순앤지 순인지 할
머니 비스무리한 아줌마한테 싱건 소리
해대며 순대 국밥 처먹고 있는데 너희 아
버지가 갑자기 문을 쫙- 열고. 캬. 박력.
터프하게 들어오셨잖아. 지금도 신기해.
우리 거기 있는 거 어떻게 아셨을까?
너 그때 존나 맞았는데. 싸대기 한방에

아주 쭈욱 날아가더만.

열연하는 재현. 술 한잔 꿀꺽~

장환 에이… 새끼. 기억력도 좋다! 말랐어도 엄청 딴딴하셨지. 어깨도 내 두 배였는데. 지금은 아냐. 엄마 돌아가시고 기운이 다 빠지셨어. 이상하게… 어깨도 반쪽이 되더라.

재현 어디서 잘 지내시다 그때처럼 박력 있게 나타나실 테니까 너무 걱정 마라.

장환 그래야 할 텐데. 아~~~ (한 손으로 마른 세수하며) 인생 뭐가 뭔지 모르겠다.

재현 그래서, 채린이랑 잤냐?

장환 뭔 소리야 새꺄. 술 취했으면 집에 가 디비 져 자든가.

재현 취하긴. 한잔 더 때려야지.
눈빛이, 으 막.

장난치는 두 사람.
/Z.O/Full/F.O/

S#37
장환의 집 (아침)

햇빛이 거실에 들어오고. 아침 식탁을 차리는 효진.
장환, 거실에 앉아서 전단지를 챙긴다.

효진   밥 먹고 당신 나가기 전에 음식물 쓰레기
                좀 버려 줘. 아버님이 안 계시니까 음식
                물 쓰레기를 잘 못 버리네.

장환   다음에 버려. 오늘 바뻐. 복지관에 가서
                좀 알아보고 전단지도 붙이려고, 저녁엔
                공연도 있어.

효진   나갈 때 버려. 냄새난단 말이야. 내일은
                쓰레기봉투 내다 놓고.
                (혼잣말하듯이) 아버님은 방에 냄새가 진

동하는데, 쓰레기통도 비우지 않고 쓰레
기들을 방에 쌓아두시고 왜 그러지 몰라.

그 소리를 듣고 짜증 내는 장환.

장환	그만해라. 당신 장인어른에게도 이랬어?
효진	왜 갑자기 우리 아빠 타령이야? 난 일하면서 밥 차리고 청소하고 빨래하고 온갖 잡동사니 일을 다 하는데 그깟 쓰레기봉투 하나 못 버려줘?
하늬	쯔쯧 (혀를 차며) 또 또….
장환	(하늬를 한번 쳐다보곤, 한숨 쉬며) 알았다 알았어!
효진	(나가는 장환 뒤통수에 혼잣말하듯) 나가면서 버리는 게 뭐가 그리 어렵다고.

S#38
장환의 집 (실외)

씩씩거리며 쓰레기봉투를 들고나오는 장환. 닫힌 문 쪽을
향해 씨부렁 씨부렁.
/INS/ 계단을 돌아 내려가는 용태. 음식물 쓰레기와 쓰레기
봉투를 들고 힘겹게 계단을 내려가는 모습.
장환. 음식물 쓰레기에서 물이 뚝뚝 떨어져 바지에 묻는다.

장환　　　　에 허 씨발 좆 됐네.
　　　　　　　이런 건 쫌….

투덜거리며 음식물 쓰레기봉투를 손에도 묻을까 봐 손가락
으로 들고, 몸에서 멀찍 감치 들고 간다. 쓰레기를 버리곤,
전봇대에 슥슥 손을 닦고, 바지에 묻은 걸 털어 내려는 모

양인 양 다리를 턴다.

/INS/ (초저녁) 용태. 음식물에서 물이 떨어지자 손을 고이 막고 간다. 쓰레기를 버리고 허리를 천천히 펴고, 주머니에서 휴지 한 장 꺼내서 손을 쓱쓱 닦고는 담배 한 대를 물고 먼 산을 바라본다.
장환. 담배 한 대를 물고 먼 산을 본다.
담배 피우는 모습은 부자가 닮았다.

(노인1,2 충청도와 경상도, 각기 다른 사투리를 사용하는 노인들.)

전단지를 복지관 주위에 붙이다가 안에 노인들이 있는 걸 보고 들어가는 장환. 노인1과 2, 쌀뻥튀기(떡뻥)를 나눠먹고 있다. 장환, 노인 1,2에게 전단지를 보이며

장환   어르신. 죄송합니다만 (전단지를 내밀며) 이분 혹시 보신 적 있으세요? 자세히 좀 봐주세요. 저희 아버지거든요.

노인1   (갸우뚱) 늙으면 다 똑같어. 그 얼굴이 그 얼굴이어어.

노인2   아 이 냥반, 모래내 산다는 영감 아닌교?

장환	보신 적 있으세요?
노인1	(노인2에게) 기여?
노인2	와 한두 번 와가 말도 몬붙이고, 기억 안 나는교?
노인1	(뻥튀기 뺏어 먹으며 고개를 갸우뚱) 요 글래… 잘 못 본 기 같은… 아 맛나네.
노인2	맛나지? 이거 요 밑 김 씨 세탁소에 왔다니까. 뻥튀기.
노인1	그려?
장환	저 어르신. 혹시 이분 보시면 여기 이 번호로 연락 좀 부탁드리겠습니다. (꾸벅하고 돌아서면)
노인1	그려 그려.
노인2	이분 함자가…?
장환	복. 용자 태자 씁니다. 복.용.태.
노인1	(전단 보며) 이 냥반 복가여? 나는 복가는 첨 보는 디이?

지나가는 노인 3을 보고 부르는 노인 2

| 노인2 | 봐라~ 바라~ 바라. |

노인3이 온다.

노인2	여기 복씨 자제분인디 (전단지를 보여주며) 어제나 오늘 본 적 있나?
노인3	어…. 이 영감 봤었는데!
노인2	봤나?
노인3	봤었지. 복지관에 오셨던 분 아닌가.
노인1	허참. 그건 다 아는 거고. 어제 집에 안 들어 갔디 야.
노인3	허허… 일할 데 찾는다고 했던 거 같은데
노인2	맞나?
장환	일할 데요?
노인2	쯧…(혀를 차며) 부모가 돼가 자식새끼 짊어지는 건 당연해도 짐 되기는 죽어도 싫은기라. 조용한 양반일수록 자존심 하 난 억수로 센 법이고.
노인1	(장환에게) 이 영감한테 뭔 일 있는 거어?
장환	저희 아버진데… 집을 나가 며칠째 연락 이 안 돼서요.
노인1	쯧쯧….
노인2	쯧쯧….

노인1	있을 때 잘 허지이.
노인2	복지관 왔다 간진 한참 안 됐나. 한 달도 넘었을 긴데… 쯧쯧….
노인3	한 달은… 며칠 안됐어! 나온 지도 얼마 안 된 양반이데, 기억력들 하고는.
노인1	(뻥튀기 뺏어 먹으며) 생활운동 선상이 감기 걸려서 오늘 수업 못헌다.
노인3	잉? 지금 운동하러 왔는데!
노인2	하루 전에는 연락을 해 주야 안 되는 교.
노인1	어제는 안아팠댜.
노인2	문자를 아침에 보내면 우짜는교.
노인1	점심때 안 보내면 다행이여.
장환	어르신들. 그럼 잘 부탁합니다.
노인2	욕보소.

인사하고 돌아서는 장환 뒤로

노인2	복가도 있심꺼.
노인1	그런갑네이.
노인3	우리 밥 먹으러 가세나.

S#40
거리 (실외/낮)

거리에서 전단지를 붙이고 나눠주는 장환. 전단지를 붙이다 보니, 예전에 가족들이랑 왔던 갈빗집 앞이다.

식구들이 기다리는 테이블 쪽으로 장환이 다가간다.

효진과 하늬, 아빠가 오기 전부터 맛있게 갈비를 뜯고 있다. 밍밍이도 옆 의자에 앉아 뭔가를 씹고 있다. 장환이 의자에 앉으며.

장환	이야. 역시 마누라 월급 날이라 (하하) (효진에게) 아버지는?
효진	(갈비를 뜯으며) 생각 없다고 우리끼리 가래. 속이 안 좋으신가 봐.
장환	어디 편찮으시대? 억지로라도 모시고 나오지 그랬어?
효진	어련히 알아서 하실까.

장환	한 2인분 포장해서 갈까?
효진	식으면 맛없어. 구워서 바로 먹어야 맛있지. (갈비 뜯으며) 하늬 맛있어?
하늬	응. 내일 또 먹고 싶어.
장환	그럼 할아버지 모시고 내일 또 올까?
효진	그냥 오늘 많이 먹어. 내일 뭘 또 와.

/Cut to/ (실외/갈빗집 앞)

갈비 집에서 나오는 장환이 식구. 이쑤시개로 이빨 쑤시며 나오는 장환. 지나가던 용태와 마주친다. 용태는 가게 간판을 쓱 쳐다본다. 민망해하는 장환.

장환	아… 아버지. 속 불편하시다면서 어디 가세요?
용태	응… 담배 사러.
장환	식사는요?
용태	먹었다.
효진	나와서 하늬가 갑자기 갈비 먹고 싶다 그래서 바꿨어요. 아버님도 같이 드셨으면 좋았을 텐데….
용태	괜찮어. 난 이빨이 시원찮어서 원래 갈비 같은 건 못 먹는다.

(하늬에게) 공주님 맛있게 먹은 겨?

하늬 엄청 엄청 맛있게 먹었어요.

용태 그려. 잘혔네.

(식구들에게) 어여 들어가. 담배 한 대 피고 갈 테니깨.

장환은 아버지 용태에게 변명하는 듯하고, 용태는 괜찮다며 손사래치고 집으로 가라고 손짓한다. 용태는 반대 방향으로 가는 것을 보며 장환과 효진은 티격태격하는 모습.

멀리서 /Long shot/

S#42
오거리 (실외/초저녁)

/INS/ 가로등에 붙어 있는 전단지. '사람을 찾습니다'
카메라 /PAN/ 하면 전단지를 붙이고 다니는 장환.
전단지를 붙이다가 리어카에 종이박스를 주워 모으는 노인을
바라본다. 아까 복지관에서 한 노인의 말이 귓가를 울린다.

노인2(V.O)   부모가 돼가 자식새끼 짊어지는 건 당연
                    해도 짐 되기는 죽어도 싫은기라. 조용
                    한 양반일수록 자존심 하난 억수로 센
                    법이고.

장환   짐… 자존심… (울컥)

/Fade out/

S#43
장환의 집/장환의 방 (실내/밤)

/부감/ 침대에 누워있지만 잠을 못 이루는 장환 얼굴.

결국 힘없이 눈을 뜬다. 근심과 걱정으로 잠을 못 이룬다.

옆에서 효진은 아무 걱정 없다는 듯 코 골며 자고 있다.

계속되는 효진의 코 고는 소리에 쳐다보고는 거실로 나가

버리는 장환.

거실로 나와 물 한잔 마시는 장환. 아버지 용태의 방이 눈에 들어온다. 방문이 열리고 장환이 들어와 불을 켠다. 갑자기 쏟아지는 빛에 잠시 인상을 찡그리는 장환. 잠시 후 주변을 둘러본다.

아버지의 흔적들. 한쪽에 접혀있는 이부자리. 침대 위에는 아버지가 메모해둔 휴지 조각들이 있다. 각종 약 이름이 철자법도 틀린 말로 여기저기 쓰여 있다. TV에서 소개되는 약들을 잊지 않기 위해 써둔 모양이다.

옷걸이에 걸려있는 계절에 맞지 않는 옷 몇 벌. 특별한 건 없다.

낮은 서랍장. 서랍장 위엔 신문지와 휴지 메모들이 쌓여 있다. 무심코 열어본다. 그 안에서 아버지가 먹는 약 봉투들

이 쌓여 있다.

이름, 나이, 약 설명이 쓰여 있는 약 봉투들…

그 옆엔 작은 흰 약통. 겉에 약 이름(보나링정) 스티커가 붙어있고, 굵은 사인펜으로 씌어 있다. '어지러울 때 1알씩'

서랍장을 닫기 전 구석에 돌돌 말려있는 신문지가 보인다.

써내서 펼쳐보니, 5만 원권이 두툼하게 있는 게 아닌가.

돈이 생겨서 흥분된 장환. 옅은 웃음과 함께 돈을 펼쳐보는 장환. 세어보니 3백만 원.

    장환   3백…이라.

돈뭉치 맨 위에는 메모지가 있다. (용태가 가지고 다니는 수첩에서 찍은 메모지이다.)

/INS/C.U/ '잘 있거라 삼 번아. 오 번은 간다.'

    장환(M)   삼 번이와 오 번? 삼 번…. 오 번…. 계모
                임을 하셨나? 이… 돈이 곗돈이면 아버지
                가 오 번이고 육 번에게 돈을 줘야 하나?
                (돈을 보며 골똘히 생각하며) 삼 번… 셋
                째…? 아버진 넷째…막내이신데….

장환의 표정이 복잡하다.

S#45
[회상] 카페 (낮)

조그마한 카페. 용태. 많이 힘들어 보인다.

용태 　장환아 돈 좀 있냐?

장환 　네…네? 돈이요? 제가 무슨 돈이 있겠어요?

용태 　아빠가 돈이 좀 필요한데.

장환 　갑자기… 돈은 왜 필요하세요? 뭐 필요하신 거 있어요?

용태 　응. 아빠가 도와줘야 할 사람이 있는데, 병원비가 필요하다고….

장환 　얼마나요?

용태 　한 오백 정도면 검사하고 치료할 수 있을 거 같다.

정환   오백이요…? 누군데요?

용태   응. 있어. 아빠가 도와줘야 할 사람.

장환   오백씩이나 어디 있겠어요? 저 돈 없어요.

매몰찬 장환의 대답에 용태는 더 부탁하지 못한다.

용태   그래. 알았다.

장환   아니 누군데 아버지가 돈을 마련해요?
(문득 떠오른 듯) 혹, 제수씨 전화 왔어요? 돈 달래요? 오윤이네 맞죠?

용태   아니야. 있어….
아버지가 살면서 빚진 사람.

S#46
용태의 방 (실내/밤)

예전에 일이 떠오른 장환. 잠시 생각하던 장환은 돈을 본능적으로 숨긴다.

S#47
장환의 집 베란다 (밤)

돈을 가방에 넣는 장환. 그리곤 가방에서 담배 한 대를 꺼
내 피다가 생각난 듯이 어디론가 전화하는 장환.

오윤(E)   형. 아버지 찾았어?

장환   찾기는…. 너 뭐 생각나는 건 없냐?

오윤(E)   뭘 생각?

장환   넌! 새꺄. 아버지가 없어졌는데…

아버지   왜 그런 건지 짚이는 것도 없어? 하나도?

오윤(E)   내가 뭘 알겠어.

장환   야. 혹시 너 아버지한테 돈 얘기한 적 있냐?

오윤(E)   뭘 그런 걸 형이 물어봐.

장환   있어, 없어?!

오윤(E)	왜 또 아침부터 짜증이야! 없어!
장환	진짜 없지? 제수씨도?
오윤(E)	집사람이야… 모르지.
장환	재희는… 다치거나 아픈데 없고?
오윤(E)	제이미? 괜찮아.
장환	그래 알았다. 끊어.

S#48
장환의 집 거실 (다음 날 아침)

효진, 잠옷 차림으로 부시시한 눈을 비비며 거실로 나온다.
TV에선 YTBC 사고 뉴스가 방영 중이다.

앵커(E) 어제 저녁, 훔친 승용차를 몰던 10대 3명
이 경찰 추적을 피해 도망치다 교통사고
를 냈습니다. 밤사이 사건사고 소식, 이
상만 기자의 보도입니다.

리포터(E) 전봇대가 엿가락처럼 휘어져있고, 길바닥
엔 차량 잔해들이 널브러져 있습니다. 어
제 저녁 5시쯤, 경기도 용인에서 14살 A군
등 10대 3명이 탄 승용차가 신호를 위반한
채 달리다, SUV 차량과 전봇대를 들이 받

았습니다. 해당 승용차는 이들이 이틀 전 훔쳤다가 수배된 차량으로, 경찰의 추적을 받자 3km 가량 도망치다 사고를 낸 겁니다.

[사고 목격자/음성변조 : "경찰차가 따라오니까 도주하면서, 여기서 신호가 걸리니까, 신호 위반하고 그냥 가려다가 저기서 나오는 차가 있잖아요. 그 차를 박고 전봇대에 그대로 꽂은 거죠."]

이 사고로 동승자 한 명과 지나가던 60대 노인이 다쳐 병원으로 옮겨졌지만, 아직 의식이 없는 것으로 알려졌습니다. 운전자 A군 등 2명은 달아났습니다. 경찰은 A군의 행방을 쫓는 한편, 도주하다 잡힌 동승자를 상대로 사고 경위를 조사하고 있습니다. YTBC 뉴스. 이상만입니다.

뉴스를 뚫어져라 보고 있는 장환. 60대 노인이 다쳤다는 뉴스에서는 몸이 저절로 앞으로 기운다.

효진   꼬박 샜어?

장환   하니 깨울까?

효진	이런다고 아버님이 돌아와? 들어가서 눈 좀 붙여. 몰골이 말이 아니다.
장환	(손에 꼭 쥐고 있던 메모를 펼쳐 효진에게 보인다) 아버지방에서 이걸 찾았어.
효진	잘 있거라 3번아, 5번은 간다?
장환	밤새 생각해 봤는데 무슨 말인지 모르겠어.
효진	그러게. 이게 뭔 말이지? 그냥 방송 보고 써두신 거 아닐까? 아버진 TV 보면서 메모 잘 하시잖아. 보통은 휴지에다가 하시던데, 이건 수첩에다가 쓰시고 찢어 놓으신 거 같은데?
장환	응. 수첩인 거 같은데, 뭔가 있는 거 같아. 틀림없이.
효진	뭐가? 뭐가 더 있었어?
장환	(당황하며) 어? 응. 아니. 이것만 있었어. (말을 돌리며) 이상하잖아. 문구가. (일어나며) 오늘은 당신이 하늬를 유치원 버스만 태워주라.
효진	어쩌려구?
장환	일단 경찰한테 보여줘야지.
효진	관둬. 한 번 쓱 보고 '두고 가세요' 하면 끝

일 텐데.

장환   그래도. 처음으로 뭔가 단서가 나왔잖아.

효진   그게 무슨 단서가 된다고 그래. 경찰 갖다 줘봐야 2주 넘게 아무것도 안 했는데 뭘 바래. 그거 꼭 아버님이 쓰셨다는 보장도 없잖아.

장환   아버지 글씨 맞아.

(일어나며) 나갔다 올게.

효진   (뒤에 대고) 전화해!

같은 경찰. 같은 자리. 같은 상황. 경찰은 여전히 피곤에 절
은 얼굴로 이 사건에 대해 관심이 전혀 없다.

경찰   이게 방에 있었다는 거죠…?

장환   네. 제가 새벽에 잠이 안 와서 아버지
         방에 들어갔다가….

경찰   예예. 알았으니까 그럼 두고 가세요.

장환   그게 끝입니까?

경찰   (메모를 보며) 무슨 뜻인진 모르겠지만
         메모가 있다는 건 실종이 아니라 단순 가
         출로 보이는데. (하품)

장환   (어이없어 경찰을 쳐다보는 장환) 노인이

집에 며칠째 연락이 없다구요! 돈도 없는 노인이. 어디 연락할 곳도 갈 곳도 없구요. 어디에 계신지를 찾아야 하는 데, (메모지를 내밀며) 이거… 수수께끼 같은 이거만 남겨져 있다고요. 뭐라도 단서가 될 만한 거면! 찾을 만한 단서라면 뭐라도 해야 되는 거 아니에요?!

경찰   (또 하품하며) 그럼 제가 회의 때 수수께끼를 한 번 내보겠습니다. 여럿이 머리를 모으면 뭔가 기발한 답이 나올 수도 있죠. 일단 입력해놓으면 되죠? 보세요. 저 입력했…. (하면서 컴퓨터 모니터 보더니) 어?

장환   왜요?

경찰   생명보험 들어놓으셨네. 아버님 이름으로.

장환   네… 예?

경찰   가입자 성함 이효진. 9월 15일에 가입하셨네요. **생명보험.

        이효진 씨가 아내분 맞죠?

장환   (황당한 표정으로 경찰을 쳐다본다)

경찰   그때 조회 넣어놓고 저도 깜빡 잊어버리고 있었는데…. 보자…, 생명보험에 가입

	하시고 가출 일이 10월 4일이니까 한 달
	도 안 됐을 때네. (장환을 뚫어지게 쳐다
	본다) 정말 몰랐습니까? 알고도 말씀 안
	하셨으면….
장환	(짜증) 아뇨. 몰라요. 그딴 거. 그게 무슨
	상관이에요!!
경찰	(태도가 강압적으로 변한다) 몰라서 말하
	는 거예요?
장환	네. 그건 모르는 일이에요! (한숨 섞인 한
	탄이 흘러나온다)
	집사람이 아버지를 위해서 가입한 모양
	인데, 전 몰랐었어요.

뒤돌아선 장환의 표정이 구겨진다.

S#50
장환의 차 안 (아침)

스피커폰으로 '효진 누나'랑 통화 중이다.

장환 나한테 얘길 했어야지! 어떻게 나한테 상
의도 없이 보험을 들어!

효진(E) 나도 까먹고 있었다니까! 어머니 갑자기
돌아가시고, 마침 전에 알던 후배가 보험
시작했다 그러면서 하나 들어 달래서….
처음 두 달은 후배가 대신 부어주기로 해
서 까맣게 잊어버렸네.

장환 자기랑 나랑 보험 사기단 취급당했어. 그
거 알아?

효진(E) 야! 근데 왜 신경질이야? 내가 너 생각해

	서 아버님 보험 들었지 돈이 남아돌아서 들었니? 그리고 내가 내 월급 가지고 보험 드는데 그걸 왜 꼭 너랑 상의해야 되니?
장환	지금 그걸 말이라고 해?! (밍밍이 짖는 소리가 들린다) 개새끼 좀 조용히 시켜!!!
효진	왜 우리 애한테 신경질이야!

장환은 그냥 이 모든 상황이 짜증 난다. 자신의 무능함이 싫고 화가 난다.

하늬(E.VO)	(짜증 섞인 소리로) 싸우지 마~라.
장환	어, 미안. 하늬 다 듣고 있었어?
효진(E.VO)	하늬도 알아야지. 자기 아빠가 엄마한테 고래고래 소리 지르는 남잔 거.
장환	(울컥) 나 진짜 힘들다. 나 좀 살자~~ 응!
효진(E)	(잠시 조용) 오늘 회식한다며?
장환	이모한테 들었어?
금주(E)	응. 내가 말했어.
장환	깜짝이야. 이몬 왜 거깄어?
금주(E)	몰랐니? 나 어제 니네 집에서 잤는데.
장환	아이고… 두야.
효진(E)	자긴 반만 내. 15만 원 보내줄게.

장환   고마워.

전화 끊는다. 잠시 후 띵동~ 수신음. 화면에 '20만 원 받기' 문자 뜬다.

장환   아싸! (생각하니 머쓱하다)

S#51
공연장 분장실 (실내/저녁)

공연 막 끝난 분장실. 배우들이 분장 지우랴 옷 갈아입으랴 바쁘다. 늦게 들어온 진우, "수고하셨습니다" 하고 밝게 인사한다.

석용　　　(웃으며) 회식이 좋긴 좋지?

진우　　　그럼요. 눈치 안 보고 고기 실컷 먹을 수 있는 날인데. 하하하~.

말없이 분장 지우고 있는 장환. 석용이 툭 친다.

석용　　　왜 우거지상이냐?

장환　　　아니에요….

석용	아니긴. 고민한다고 해결되는 문제 하나
	없더라. 이럴 땐?
장환	마셔야죠. (억지로) 하하하~.
석용	그래. 잘 아네. 하하하~.

채린이 의상을 갈아입고 여자 탈의실에서 나온다. 산뜻하고 풋풋하다. 장환의 시선이 저절로 채린에게 머문다. 그시선을 느낀 건지 아닌지 진우랑 웃고 떠드는 채린.

테이블에 앉아 술을 따라 돌리는 재현.

재현   자, 오늘도 수고하셨습니다. 이제 반환
점 돌았고 지금까지 분위기는 나쁘지 않
은 거 같지만 조금만 더 파이팅 해 주십
시오. 모두 잔을 드시고! 아자 아자 달리
자!! 모두 달리자!!

석용   연출도 수고했어.

장환이 재현, 금주와 건배 후 채린 쪽으로 잔을 드는데 그
옆 진우랑 잔을 부딪치며 이야기 중인 채린. 장환이 머쓱해
서는 소주를 원샷 한다. 그 옆에서 금주도 재현에게 잔을

내미는데, 재현은 옆자리 석용과 건배 후 이야기 중이다.
금주도 머쓱해서 소주를 원샷 한다.

/Cut to/

빈 술병이 이리저리 놓여있는 테이블. 재현이 목소리를 낮
춰 장환에게 말한다. 허가 꼬부라지긴 했지만 비교적 맑은
정신이다.

재현	그깟 똥차 어차피 기름값 없어서 맨날 세워만 뒀는데 뭐.
장환	(풀이 죽어) 할머니 병원 가시는 날은 꼭 말해. 진짜로 내가 모시고 갈 테니까.
재현	그래그래. 일단 차 판 돈으로 밀린 이자 싹 해결하고 공연 대박 터뜨려서 원금도 갚고. 그럼 되지 뭐.

옆에서 묵묵히 듣고 있는 금주. 말없이 소주를 내리 원샷
한다.

장환	미안하다….
재현	니가 왜 미안하냐. 대표 능력이 요것밖에 안 돼서 내가 더 미안하지 인마.

석용	(괜히 끼어드는) 연출이 장환이 얘 신경 좀 써. 장환이한테 뭔 일 있으면! 니가 나서서 (장난스레 영화 1987 김윤석 흉내 내며) 탁- 하(고 치)니. 억-. 배우가 신경 안 쓰게. 딱! 대표가 말이야…!
재현	엇…! 선배님, 장환이 아버지 가출하신 거 알고 계셨어요…?

배우들 모두 떠들다가 재현과 장환을 돌아본다.
채린은 못 들은 척 딴청이고 금주는 소주잔에 혓바닥을 넣었다 뺐다 한다. 주사다.

석용	… 몰랐는데…? 언제?
재현	(장환이 눈치 보면서) 아…. 전 아시는 줄 알고….
장환	17일째입니다.
석용	그런 일이 있었으면 말을 해야지 인마. 가족처럼 지내는 극단에서 우리가 모르고 있다는 게 말이 되냐? (금주에게) 너라도 귀띔을 해줘야지. 앤 필요할 때만 입이 무겁더라.
금주	부르셨습니까, 선배님!

석용	벌써 취했냐?
금주	선배님, 제 잔 한 잔 받으십시오.

금주가 방금까지 헛바닥을 넣었다 뺐다 했던 잔 그대로 석용에게 내민다. 석용, 아무것도 모르고 잔을 받아 마신다.

영주	그래서 장환이 얼굴이 요즘 안 좋았구나. 가실만한 덴 전부 연락해 봤고?
장환	가실만한 덴…. 아는 게 없더라구요. 아버지가 누굴 만나고 살았는지 어딜 다니며 살았는지 하나도 모르겠어요. 아침에 일어나서 밤에 주무실 때까지 하루 종일 무슨 생각을 하고 지내셨는지 무슨 일을 하며 보내셨는지…. 아니, 아버지가 누군지도 잘 모르겠어요.

모두들 말이 없어진다.

홍재	통신사 연락해서 위치추적 해보셨어요?
장환	핸드폰 없어. 필요 없다고 하셔서.
홍재	아….
영주	혹시 효진이랑 아버지 사이에 무슨 갈등

같은 거 있었니?

장환   그냥 뭐…. 갑자기 붙어 지내다 보면 불편한 것도 있고, 그래도 잘 지냈어요. 사소한 문제…. 그 정도죠.

석용   어르신이 뭐. 별일 없을 거야. 며칠 바람 쐬면 들어오시겠지. 너무 걱정 말고. (술 따른다) 한잔해.

/Cut to/

늘어난 소주 병이 상 위에 널브러져 있다.

다들 취한 듯 흐트러진 자세. 헛바닥이 꼬인 채 듣기 어려운 대화를 나눈다.

채린   글쎄. 내 아빠는 그랬다니까…. 그러니 내가 좋아할 일이 없지. 옛날부터 적응이 안 돼. 오히려 어릴 때 부모님이 이혼한 친구가 개부러웠다니까.
어릴 때는 반말을 썼던 거 같은데,
어느새부턴가 (딸국) 아빠에겐 반말 쓰면 안 된다고 해서 그 이후로 꼬박꼬박 존댓말 써야 했고, 아빠와 단둘이 놀거나 뭘 했던 기억이 없어. 하나도!

석용	채린이 취한 거 오랜마네 보네. 크--
채린	아 글쎄. 모른척하고 싶었다니까.
	아는 척하면 버스정거장에서 집에까지 쭈욱. 그 긴 길을 같이 걸어가야 하는데, 그 뻘쭘함은 어쩔 거야! 술 취해서 휘청거리며 걷는 아빠 옆에서 교복 입고 걸어야 하는데···.
영주	에휴··· 그 나이엔 그럴 때가 있지.
채린	아빠는 자식 생각은 요만큼도 안 했다니까. 그리고 정년퇴직한 이후부터 계속 집에 있으니까 내가 집에 못 있겠더라고.
영주	그때부터 나와서 산 거야?
	너도 가슴에 맺힌 게 많구나.
채린	경제적으로 힘들어도 맘은 편하죠. 크~
영주	하기야 나도 아빠가 12시 넘어 문 여는 소리 들리면 재빨리 불 끄고 자는 척하곤 했지. 아부지가 너무 어려웠거든. 까마득한 옛날에 몇 마디 주고받은 기억이 전부야. 결혼 전날에도 잘 살아라 언제든 힘들면 돌아오라, 그런 거 없어. 아무 말이 없어. 옆집 딸내미라도 시집을 간다 하면 가서 잘 살라고 덕담해 주잖아. 우리 아

	부진 외동딸인 내가 시집을 가는데도 그 흔한 잘 살리는 말 한마디를 안 하시더라니까?
석용	그래서 이혼했냐?
영주	그랬지. 이혼했지. 선배는 이혼하고 재혼도 했고.
석용	난 재혼해서 늦둥이 낳고 잘 산다.
영주	선배는 어떤 아빠야? 그냥 늙은 아빠?
석용	야 야. 나 늙은 아빠 안 되려고 무진 애쓰거든? 청바지 불편한데도 열심히 입고 다니잖아.

엎드려 자던 금주가 벌떡 일어난다.

금주	선배님! 똥꼬에 낀 거 잡아 빼고 다니지 마요. 진짜 꼴 보기 싫어. (다시 쓰러진다)
석용	… 취중… 진담이겠지?
영주	응. 나도 몇 번 봤어. 꼴 보기 싫더라.

쓰러진 금주의 머리를 다정하게 쓰다듬는 장환. 평상시와 사뭇 다르다.

장환   이모는 엄마 아빠 얼굴도 본 적 없어요.
           외할머니가 이모 낳고 산후 통으로 시름
           시름 앓다 돌아가셨는데 외할아버지도
           몇 달 만에 할머니 따라가셨대요. 태어나
           자마자 엄마가 젖 먹여 키웠으니 이모는
           큰언니랑 형부를 엄마 아빠라고 부르면
           서 큰 거예요. 우리 아버지…. 다정한 맛
           이라곤 하나도 없지만 이모 대학 공부까
           지 다 시키고 자식하고 똑같이 기우셨는
           데…. (피식 웃는다) 어차피 무뚝뚝해서
           차별해 봤자 티도 안 났을 거지만.

쓰러져 자는 듯 보이는 금주의 얼굴. 눈물이 또르르 흐른다.

석용   애들아. 잔 채워라. 딱 한 잔씩만 더 하고
           일어나자.

다들 잔을 채워 막잔 비우는데 장환이 슬쩍 일어나 비틀거
리며 밖으로 나간다.

장환, 화장실에 나오는데 채린이 밖에 서 있다.

장환	어…?
채린	택시 불렀어요.
장환	아…. 그래.
채린	괜찮아요 선배?
장환	응. 괜찮아.
채린	….
장환	요즘 나 피하는 거니?
채린	아뇨.
장환	미안하다.
채린	뭐가 미안해요?

장환	그냥 다. 너한텐 다 미안하고 그래.
채린	재현 선배한테 들었어요.
장환	뭘?
채린	선배가 욕하고 화내줬다면서요.
장환	너한테 아무 소리 말라고 했더니 그새를 못 참고…. 나 아무것도 한 거 없이.
채린	그래도 고마웠어요. 고마워요 선배.

장환, 술기운에 마음이 술렁이는지 키스하려고 고개를 들이댄다. 채린이 아주 민첩하게 피한다. 머쓱한 장환. 괜히 운동화코를 바닥에 탁탁 치는데….

채린	택시 왔나 봐요. 저 갈게요.

장환, 그제야 얼른 지갑 꺼낸다.

장환	잠깐만. 택시비 줄게.
채린	(서둘러 가며) 괜찮아요.

쫓으며 지갑 여는데 5만 원권뿐이다. 아차 싶은 장환. 5만 원짜리 한 장을 잡고 뺄까 말까 고민하는 사이 택시가 선다.

채린	들어가세요. 선배.
장환	어… 그래. 조심해서 가.

택시에 올라타는 채린. 장환 쪽을 돌아보지 않은 채 떠난다.

장환	하….

슬픔인지 쪽팔림인지 알 수 없는 이상한 감정이 올라와 빠르게 심호흡하고 하늘을 올려다보는 장환. 마른 세수를 하는데 눈물이 핑 돈다. 입모양으로 욕.

S#54
고깃집 외관 (밤)

다른 세상인 듯 왁자한 술자리. 밖에 혼자 서 있는 장환. 카메라 쭉 빠지면서 음식점 외관으로. /F.O/

창문 사이로 들리는 바람 소리. 엔진 소리. 라디오가 시끄
럽다.
/C.U/ 연초의 빨간불이 주욱 타 들어가며, 담배연기가 창
으로 빨려나간다. 시골 풍경이 옆으로 스쳐 지나간다.

경찰(E. VO)　　복용태 씨 소득 잡힌 게 확인돼서요. 얼마
　　　　　　　　전까지 근무하셨다는데 지금은 퇴사하셨
　　　　　　　　나 봐요. 우선 주소랑 전화번호 문자로 넣
　　　　　　　　어 드렸으니까 한 번 찾아가 보세요.

복잡하게 느껴지는 장환의 표정.
카메라 /PAN/ 하면 재현이 앉아있고 뒷좌석에 금주도 있

다. 장환이처럼 창문 살짝 열고 담배를 내뱉고 있다. 말들이 없다. 실내공기가 멋쩍은 듯 먼저 입을 여는 재현.

재현	그래도 경찰이 일을 하긴 한다. 소득 잡히자마자 칼같이 알려주고. 이번엔 아버지 찾을 수 있겠지?
장환	자기들이 직접 가보면 얼마나 좋아. 경찰이 가야 하나라도 더 말해줄 텐데.
재현	거기가 어디라고? 무슨 조경?
장환	강화백년조경.
재현	그래도 다행이다 그치? 일하실 정도면 건강은 괜찮단 거잖아.
장환	그러게.
재현	맞지 이모? 다행이지?
금주	나 니 이모 아니다.
재현	장환이 이모면 내 이모지.
장환	근데 이모는 왜 자꾸 나 따라다녀?
금주	너 따라다니는 거 아니야. 재현이 따라다니는 거지.
재현	(당황하며) 나…?
장환	그럼 재현이는 왜 따라다니는데?
금주	왜 따라다니겠냐? 빚 받으러 따라다니겠

냐?

알쏭달쏭 금주의 표정. 재현의 얼굴에 홍조가 발그레 핀다.
그들이 탄 차, 도로를 달린다.

S#56
강화 백년조경 (실외/낮)

백년조경이라는 간판이 서 있다. 바깥 주차장에 차를 세우고 내리는 장환 일행. 둘러보는데 아무도 없다. 정원 안으로 들어가며.

장환   저기요! 계세요?

안쪽에서 밀짚모자를 쓴 사람이 나타난다. 정사장이다.

정 사장   어떻게 오셨어요?
장환   안녕하세요. 사람 좀 찾으러 왔습니다.
정 사장   사람 누구?
장환   복용태 씨라고, 여기서 일하셨다고 들었습니다.

정 사장　이~ 용태 형님. 지금은 여기 인 게신데요. 그 형님은 왜…?

장환　아버지세요. 저는 아들 복장환이라고 하구요.

정 사장　아들? 그리고 보니 눈매가 닮았네. 그 형님 여기 그만둔 지 꽤 됐어요.

장환　알고 있습니다.

금주　그게 언제쯤인데요?

정 사장　(못 들은 척 화제를 돌리며) 그리고 보니 엊그제 서울 어디 경찰서라면서 전화한 그 일로 왔구만. (좀 난처해하며) 여기 섰지 말고 사무실로 들어가서 얘기합시다.

나란히들 앉아있는 장환, 재현, 금주. 믹스커피 한 잔씩 내
놓는 정 사장.

정 사장	좀 드세요.
장환	감사합니다.
정 사장	여기 와서 보름인가 일했어요. 여긴 일꾼이 부족하거든요. 하여간 복형 참 성실한 분이었어요. 조용하고 불평불만도 없고. 저녁 먹으면서 소주 한잔씩 하니까 금세 형님 아우 할 만큼 친해졌구요. 좋은 분을 소개받은 거 같아서 저도 일할 맛이 났죠. 그런데 일이 터진 거예요. 일한 지 한

보름 됐을 적에 나무가지 칠 일이 생겼는
데….

나무를 올려다보는 용태.

정 사장   내일 사다리차 불러서 하려구요.

용태   뭔 사다리차? 돈 들게. 내가 할게. 사다리
좀 줘봐어.

정 사장   안 돼요. 형님 나이도 있으신데.

용태   괜찮혀. 이쯤이야.

사다리 타고 올라가는 용태.

정 사장(V.O)   올라가시다 삐끗하셨는지. 넘어지셨어
요. 그냥 떨어졌으면 진짜 큰일 치를 뻔

했는데 다행히 미끄러지듯이 떨어져서
정강이뼈에 금 간 정도로 끝났구요. 내가
빨리 119 불러서 망정이지, 나도 얼마나
놀랐는지.

놀라는 장환 얼굴.

장환   네?? 그럼 지금 병원에 계세요?

금주   어느 병원이에요?

정 사장   강화성모병원이요. 깁스만 하고 금방 퇴
원하셨어요. 그게 한 2주 전일 거예요.

재현   그럼 지금 어디 계신데요?

정 사장   나야 모르죠. 나중에 연락한다고만 하시
고 가버리셨으니까.

장환   안 잡으셨어요?

변명하듯 장황하게 설명하는 정 사장.

정 사장	근무하신 지 보름도 안 됐지만 회사에서는 도의적으로 충분히 보상했어요. 솔직히 위험하니까 올라가지 마시라고도 했고 그런데도 형님이 막무가내로 그러신 건데 참…. 다 나으실 때까지 여기 계시라고 제가 붙잡았거든요. 근데 한창 바쁠 때 그럴 순 없다면서 기어이 가시는 걸 어떡합니까. 할 수 없이 치료비 전액이랑 한 달 치 월급이랑 넉넉하게 드렸습니다.
장환	어디로 가신다는 이야기는 없으셨구요?
정 사장	모르겠어요. 혜경이네 사장이랑 전에 알고 지낸 사인 거 같던데 거기다간 말씀하셨을지….
재현	전에 알던 사이요?
정 사장	예. 비료 공장서 일하실 때 혜경이네 사장이 함바집 하면서 알게 됐대요. 여기 혜경이네 사장이 해주는 밥 생각이 나서 오셨다던데요?
장환	….
재현	가보자. 그 혜경이네.

S#60
혜경이네 식당 (실내/낮)

문을 열고 들어오는 장환 일행. 설거지하던 혜경이네가 부엌에서 손을 닦으며 나온다.

혜경이네	어서 오세요. 식사하러 오셨어요?
장환	아니요. 저희는….
금주	밥 먹자. 우리도 먹어가면서 형부를 찾든 말든.
재현	그래. 나도 배고프다.
혜경이네	편하신 데 앉으세요.

/Jump cut*/

깨끗하게 비워진 접시들과 그릇들.

놓여진 음식접시에서 깨끗하게 비워진 접시로 장면전환.

재현	아버지가 왜 여기까지 찾아오셨는지 알 겠다.
금주	그러게. 언니가 해준 밥 먹은 거 같네.

갑자기 엄마 생각에 먹먹해지는 장환. 그리고 일하고 있는 혜경이네를 유심하게 쳐다본다. 식당 아주머니치곤 곱다. 혜경이네가 몸을 돌려 장환이 쪽을 쳐다보자 화들짝.

혜경이네	맛있게들 드셨어요?
모두	잘 먹었습니다.
혜경이네	(고구마 식혜를 한 잔씩 앞에 놔준다) 복 사장님이 진짜 좋아하셨던 고구마 식혜 예요. 사장님은 찬 거 싫어하셔서 반찬 내올 때 식혜도 같이 내와요. 식사 다 하 실 때쯤 되면 적당히 미지근해지거든요. 맛보세요.

모두 먹으며 감탄한다.

| 혜경이네 | (장환과 금주를 번갈아 보며) 아드님이랑 처제 얘기 참 많이 하셨는데. 이렇게 만 나게 되니 진짜 반갑네. |

장환	아버지가 여기 자주 오셨나 봐요.
혜경이네	그럼요. 알고 지낸 지가 20년도 넘었는데요.
장환	아버지와 친하셨으면 이야기도 많이 하셨겠네요.

장환이는 '잘 있거라 3번아…' 쪽지를 꺼내고자 손을 주머니에 넣었다. 저쪽 편에서 '아줌마. 계산이요'라는 소리에 분주하게 왔다 갔다. 그리곤 다시 장환이 앞으로 와서는.

혜경이네	아드님과 며느님이 그렇게 효자 효부라고 말씀도 많이 하시고, 아드님이 탈랜트라고 얼마나 자랑하셨는데요. (장환이를 보며) 진짜 잘생겼어요.
장환	아니 뭘…. (쑥스러워하는)
혜경이네	아버님이 여길 좋아하시고, 많이 도와주셔서 너무 감사하게 생각하고 있어요. 전에 메르스 사태 때 가게가 무척 어려웠거든요. 그때도 손님들 몰고 자주 오시고, 우리 애도 이뻐해 주시고.
장환	애요?
혜경이네	제가 딸 하나 있는데, 장애가 있거든요.

제가 혼자 키우는 걸 아시고, 여러모로 신경 많이 써주셨어요.

고마워서 가실 때 반찬이라도 몇 가지 싸서 드릴라치면 그냥은 안 가져가세요. 오천 원, 만 원이라도 주고 가시곤 했죠. 무뚝뚝해 보여도 속정이 깊은 양반이에요. 여수 있을 때도 우리 혜경이 보면 과자 사먹으라고 꼭 그렇게 용돈을 쥐어주셨거든요.

장환   ….

/INS/ (회상, 카페 안)

용태   아빠가 도와줘야 할 사람이 있는데, 병원비가 필요하다….

/INS/F.B/ 메모지와 함께 있던 돈뭉치.
장환. 꺼냈던 쪽지를 다시 주머니에 넣는다.

금주   혹시 저희 형부 마지막으로 본 게 언제쯤이세요?

혜경이네   입원하셨을 때 병문안 가서 뵈었죠. 퇴원하신 줄도 몰랐어요.

금주   가실만한 데 모르시죠? 흘리는 말로라도
어디 가보고 싶다든지 그런 말 못 들으셨
어요?

혜경이네   글쎄요… 그런 말은 못 들은 거 같은
데…. 원체 말씀이 없으시잖아요.

장환   감사합니다. 점심 잘 먹었습니다. 지금
은 경황이 없어서…. 나중에 다시 찾아
뵐게요.

혜경이네   네. 다음엔 아버지 모시고 같이 와요.

웃는 모습이 고운 혜경이네. 젊어서는 인물이 좋았을 것 같
다. 아버지가 한때 마음에 품었던 분일까. 장환이 나가려다
다시 한번 혜경이네를 돌아본다.

장환이가 의심하였던 혜경이네 식당

혜경이네 식당 주인을 모두들 혜경이네 또는 혜경이로 부른다. 혜경이네는 50대 후반으로 장애아 딸을 키우고 있는 미모의 싱글 맘이다. 이름은 시나리오에서 나오지 않는다. 혜경이는 딸 이름이다. 위치는 강화 풍물시장 2층에 있는 식당이다. 서울이나 김포에서 출발하여 강화대교를 건너 3km 정도 차로 이동하면 좌측에 커다란 풍물시장 건물을 마주하게 된다. 강화도 초입에 있는 곳이고 복용태는 여기를 간혹 찾아가서 식사를 하곤 했다.

복용태는 30대 후반 전남 여수 부둣가에서 일했었다. 당시에 혜경이네 식당도 여수에 있었다. 건설 현장의 함바집처럼 운영되었기에 용태가 자주 가서 먹었었다. 그때에 혜경이네 사연을 알고 조금씩 도와 왔었다. 이번엔 용태가 다시 일할 수 있도록 조경회사 정 사장을 소개한 것이 혜경이네다.

용태와 혜경이네는 불륜 관계였을까? 아버지가 오랫동안 바람피우고 있었던 것일까? 장환이는 의심의 눈초리로 혜경이네를 본다. 그리고 아버지가 남겨놨던 돈은 혜경이를 위한 돈이 아닐까 계속 의심한다. 쪽지를 보여주며 돈을 남겨줬다고 말을 할까 말까 꽤 고심했을 것이다. 돈 욕심을 가진다면 당연히 밀힐 필요가 없다. 쪽지만 보여주고 물어봐도 된다. 그러나 쪽지의 이야기를 하다 보면 돈을 빼고 설명할 방법이 없다. 아버지가 만약 자살을 결심하고 유언처럼 남긴 것이라면 그것은 지켜야 할 도리일 것이고 돈을 혜경이네에 줘야 한다.

뿐만 아니라 장환이는 몰랐던 아버지의 삶을 알고 싶어지기도 했다. 식당에서 장환이는 너무 많은 생각이 들었을 것이다. 만약 혜경이네가 아버지의 숨겨둔 애인이었다면, 이모와 재현이가 같이 있는 그 자리에서는 싫었을 것이다. 알고 싶지만 캐묻고 싶지 않았을 것이다. 그러한 사실이 진짜라면 장환이에게 커다란 충격일 뿐만 아니라 아버지의 치부가 모두에게 드러나는 것이다. 그것은 장환이에게 너무 힘든 일이고 싫은 일이다.

하지만 혜경이네가 장환이와 금주에게 스스럼없이 대하는 것을 보면 그것이 아닌 것 같다. 아닐 것이라고 장환이는 믿고 싶었을 것이다. 우물쭈물하다가 밥 먹고 일어섰다. 아버지가 사라지고 난 다음의 행적만 찾는 것으로 끝내야 한다. 그러나 누구에게도 말하지 않았던 남겨진 돈. 이 돈은 누구에게 가야 할 돈인가에 대해서는 가장 유력한 곳일 거라는 생각이 들 수밖에 없었을 것이다.

S#61
강화 성모의원 (실외/낮)

차에서 내린 장환 일행. 병원을 쳐다보고는 들은 바와는 달리 작은 규모의 강화성모의원.

금주　　　뭐야. 사기꾼 새끼! 동네의원이네. 성모 병원이라며!

병원 정문으로 이동하는 장환 일행

강화 성모의원 원무과 (실내/낮)

애띤 원무과 여직원이 장환 일행을 쳐다본다.

여직원   어떻게 오셨어요?

장환   여기 입원했던 복용태 환자분 관련해서
            확인 좀 하려고 하는데요.

여직원   관계가 어떻게 되세요?

장환   아들입니다.

여직원   가족관계증명서 가져오셨나요?

장환   아니요. 2주 전쯤 낙상사고로 입원하신
            적이 있다고 해서 왔는데요.

여직원   (퉁명스러움) 가족관계증명서 가져오셔
            야 합니다.

재현	그 가족관계 제가 증명하면 안 될까요? 복용태씨 아들 복장환 맞거든요. (장환에게) 야 너 신분증 꺼내봐. 복씨가 흔한 성도 아니잖아요?
여직원	그래도 개인정보보호 때문에.
금주	개인정보는 무슨…! 확인만 해주세요.

약간의 언성이 높여지며 시끄러워지는데 안쪽에서 수간호사쯤으로 보이는 간호사가 나온다.

간호사	복용태 씨요? 기억나요. 여기 입원하셨어요. 지금은 퇴원하셨구요.
장환	언제 퇴원하셨죠? 많이 다치셨었나요? 집 나가신지 벌써 한 달이 넘었거든요. 그나마 여기 입원하신 게 지금 알아볼 수 있는 마지막 흔적이라서요.
금주	어떻게 좀 안 될까요?
간호사	잠시만요.

컴퓨터 자판을 두들기면서 말하는 간호사.

간호사	맞아요. 이분. 정강이뼈 골절로 입원하셨

는데 무슨 목발이 10만 원씩이나 하냐면
서 소리소리 지르셔서 저희가 병원 내부
에 있던 낡은 목발 챙겨드렸더니, 바로 사
흘 만에 퇴원하셨던 분.

재현 삼일 만에요? 회사에서 낙상하셨다는데.

간호사 네. 아…. 근데 산재처리를 안 하셨네요.
자세한 건 원무과장님이 아실 텐데 기록
엔 그래요.

장환 그럼 원무과장님 좀 뵐 수 있을까요?

간호사 오늘 비번이시라 내일 다시 오셔야 하
는데.

금주 기록에 나와 있는 거라도 좀 알려주세요.

간호사 공상처리했다고 떠요.

장환 공상처리요?

간호사 합의요. 치료 명목으로 보상받고 끝내는
건데, 환자분 나이가 있으니까 원래 산재
처리하는 게 좋거든요. 근데 회사 입장에
선 꺼려 하는 일이라서요. 산재 나면 보
험료 오르고 신용등급에도 지장 생기니
까, 오래 일한 직원이 다쳐도 웬만하면 안
해줘요. 그거 때문에 병원에서 멱살 잡고
싸우는 일도 비일비재하고.

금주	공상처리하는 게 환자한테 많이 불리한 가요?
간호사	당연하죠. 장애가 남거나 재발이 돼도 보상받을 길이 없는데.
금주	이런 개호로 새…! (튀어나오는 욕을 간신히 누른다)

장환도 속이 부글부글 끓어오른다.

재현	(심란) 어떡하냐? 아버지 빨리 찾아야겠다.

화나지만 체념하는 장환 얼굴에서 조경회사 정 사장 얼굴
/Cut to/

/INS/Flash back/ 조경회사 정 사장과의 대화

정 사장	근무하신 지 보름밖에 안 됐지만 회사에서는 도의적으로 충분히 보상했어요. 솔직히 위험하니까 올라가지 마시라고도 했고 그런데도 형님이 막무가내로 그러신 건데 참….

/Cut to/ 화난 표정의 장환 얼굴.

간호사(V.O)	어? 투약 목록에 신경과 약이 있네요?
장환	예?
간호사	퇴원하실 때 신경과 약을 받아 가셨네요. 한 달 치.
금주	어떤 약인데요?
간호사	어지럼증에 드시는 약이에요.
장환	어지럼증이요?
간호사	아버님 약 드시는 거 모르셨어요?
장환	네….
간호사	자세한 건 원장 선생님한테 상담을 받아 보셔야 알 수 있는데…. 내일 가족관계증명서와 신분증 가지고 다시 오세요.
금주	그 어지럼증은 뭐 때문에 생기는 건데요?
간호사	어지럼증이 원인이 워낙 다양해서요. 성밀검사 받아보기 전엔 알 수 없는 경우가 대부분이죠. 아버님은 꾸준히 약을 드신 모양이니까 아마 다니는 병원이 있었을 거예요.

장환과 금주, 같은 생각을 하고 마주 본다.

S#63
공연장 (실내)

아버지(석용)   아, 아, 냐, 걔, 가, 그, 럴, 리, 가, 없, 어,
　　　　　　　거, 짓, 말, 이, 야….

미남(장환)   (흐느껴운다) 흐흐흑….

미남, 주머니에서 담배 한 개비 꺼내 피우고 아버지 입에도
하나 물려준다

미남(장환)   순 악질이고 사기꾼이고 맹인도 아니고
　　　　　　　멀쩡한 년이 그렇게 사람 등치고 다닌다
　　　　　　　고, 최 상무도 깜빡 속았다고…. 흐흐흑.

아버지(석용)   아, 아, 냐, 내, 가, 알, 아, 순, 애, 는, 그,
　　　　　　　럴, 애, 가, 아, 냐, 걔, 장, 님, 맞, 아….

(기침하며 담배 *끄고*)

미남(장환)　　흐흐흑….

아줌마(영주,v.o) 어이 미남이

주인집 아줌마(영주) 들어온다.

아줌마(영주)　　무슨 짓이야. 이게. (미남의 입에서 담배
　　　　　　　　뺏어 *끄고*, 들고 온 그릇 내밀며) 콩죽이
　　　　　　　　야. 먹어. 먹어야 어떻게 할 거 아냐. 아,
　　　　　　　　몇 날 며칠 그러고 있으면 어떡해.

미남(장환)　　가세요.

아줌마(영주)　　그러다가 정말 뭔 일나, 이 사람아!

미남(장환)　　가세요.

아줌마(영주)　　이봐, 미남이.

미남(장환)　　그냥 가세요. 아줌마는 몰라요.

아줌마(영주)　　….

미남(장환)　　몰라. 모른단 말이야. (고개 파묻고)

아줌마(영주)　　몰라? 뭘 몰라?

미남(장환)　　….

아줌마(영주)　　나도… 솔직히 말해 줘?
　　　　　　　　나도 이 귀가 먹었어. 나도 아네, 이 사람

아. 보청기 끼고 기를 쓰면 겨우 모깃소
리야. 웅웅거리고, 지직거리고 그래서 수
다쟁이가 된 거야. 저 년이 저게 뭐라고
말하나, 대충 입 모양 보고 대꾸하다 보면
아. 이년이 이게 표정이 영 아니네. 그럼.
어떻게 해? '이게 아니구나. 아 그래 그거
구나'해서 또 다른 얘기로다가 막 휘둘러
치는데, 어라? 또 아닌 거 같아. 에라 모
르겠다. 이깃저것 마구잡이로다가 그냥
막 떠들어. 그래서 수다 수다 왕수다가
된 게야. 그래. 차라리 왕수다가 낫지….

무대 뒤쪽에 무대를 쳐다보고 있는 순애역 채린,
공연장 오퍼실에서 조명, 음향을 맡고 있는 진우, 홍채, 그
옆에 서 있는 재현.

편의점 ATM기에 카드를 넣는 손. 현금서비스 버튼을 누른
다. 만 원권 열 장이 나오고 이를 지갑에 넣는 장환.

냉장고에서 5천 원이 넘는 숙취해소제 몇 개를 잡는 장환의
손. 2+1이라고 씌어있는 숙취해소제를 발견하곤 (갈등하는
장환의 손) 결정한 듯, 들었던 숙취해소제를 제자리에 넣고
2+1제품을 집어 든다.

네온사인이 넘치는 좁다란 거리.

찌개집 앞에 서 있는 극단 후배들. 선배 배우들은 이미 가고 없다. 자신의 지질함을 자책하던 표정에서 후배, 배우들이 있는 곳에 다다르자 억지로 활기찬 표정을 짓는 장환.

장환   (숙취해소제 나눠주며) 자… 자. 여기 이거 한 병씩들 마시고. 어떡하냐 찌개로 때워서. 다음에는 고기 사줄게.

진우   괜찮아요 선배. 오늘은 고기보다 여기 김치찌개 생각이 나더라구요. (씩씩하게) 잘 먹었습니다.

장환, 채린에게도 숙취해소제 한 병을 건넨다.

> **장환**　　　우리 셋이서 해도 되는데 너까지 고생 많
> 　　　　　　았다.

말없이 숙취해소제 받아 손에 들고 있는 채린.

> **장환**　　　(남자 후배들에게) 어디 가서 간단히 한
> 　　　　　　잔 더 할까?
> **진우**　　　지하철 끊길 시간이라 가봐야 돼요.
> **장환**　　　그래? (홍재에게) 넌?
> **홍재**　　　저는 형보다 더 멀어요. 안산이요.
> **장환**　　　야… 멀구나. 얼른들 들어가 봐라.

주머니에서 지갑을 꺼내 만 원짜리 두 장 진우에게 주고 홍
재는 세 장 주는 장환.

> **장환**　　　오늘 고생했는데 택시 타고 들어가. 홍재
> 　　　　　　는 안산이니까 3만 원.
> **진우**　　　아니에요 선배. 지하철 타면 돼요.
> **장환**　　　아냐. 니들도 알바하랴 공연하랴 힘들 텐
> 　　　　　　데 몸 쓰는 일 있을 때마다 부려먹어서 미

안하다.

채린이 앞이라 그런지 괜한 가오 부려보는 장환.

홍재　　　　괜찮은데….
진우　　　　(넉살 좋게) 그럼 감사합니다!

돈을 받는 진우. 머뭇대던 홍재도 결국 받는다.

진우　　　　그럼 저희 먼저 들어가 보겠습니다.
홍재　　　　내일 뵐게요.

기분 좋아진 장환이 어깨에 슬쩍 힘주면서 채린에게도 택
시비 주려고 이만 원을 꺼낸다.

장환　　　　너도 택시 타고 들어가.

머뭇거리는 채린 대신 진우가 이만 원을 받아든다.

진우　　　　고맙습니다. 가자, 채린아.

너무도 자연스럽게 채린의 팔을 잡아당기는 진우. 꽤 친근

한 행동이다. 채린이 장환의 눈길 피하며 진우에게 끌려간
다. 따로 어딘가 가는 듯한 분위기의 진우와 채린.
장환이 당황한 표정으로 그들 뒷모습을 멍하니 쳐다본다.
띠리링 울리는 옛날 전화벨 소리. 장환의 핸드폰이다.
핸드폰을 주머니 어디에 뒀더라. 뒤적뒤적 결국 가방 속에
서 찾아내는 장환.
핸드폰에 찍혀 들어와 있는 이름 효진 누나.

장환	어… 어. 자기야. 아직 안 잤어?
하늬(E)	엄마가 아빠한테 전화하래.
장환	하늬? 지금이 몇 신데 아직 안 자고 있어? 엄마 바꿔봐.
하늬(E)	엄마는 아빠하고 말하기 싫대.
장환	(쫄아서) 엄마가 하늬한테 무슨 말 전하라고 그러는데?

(오른쪽 화면 분할 들어오면) 장환의 집 거실에서 전화기
들어있는 하늬와 그 옆에 있는 효진.

| 하늬 | (옆에 있는 엄마한테 묻는다) 엄마, 이거 그대로 읽으면 돼? |
| 효진 | 응. |

하늬	(또박또박 읽는다) 1. 나갈 때 음식 쓰레기 버리라고 했는데 그… 냥?
효진	그냥.
하늬	그냥 나갔지? 2. 엄마한테 일주일에 한 번 안부 전화드리라고 했는데 벌써 한 달째 전화 한 통 안 했다며? 3. 요즘 아버님 때문에 정신없는 (엄마에게) 없는 맞지?
효진	응.
하늬	(읽는다) 없는 거 알지만 아무리 그래도 마누라 생일까지 잊어('인어'로 발음)버리냐.

아차 싶은 장환. '죽었다' 하는 표정.

하늬	(계속 읽는다) 문자도 씹고 전화도 안 받고. 너 죽을래?
효진	(하늬 머리 쓰다듬으며) 잘 읽었어.
장환	아 진짜. 아무리 화가 나도 그렇지 엄만 너한테 그런 걸 읽히냐. (하늬에게) 하늬야. 엄마 좀 바꿔봐.
하늬(E)	싫대.
장환	그럼 엄마 귀에 핸드폰 갖다 대봐.

하늬(E)	응. (엄마에게) 엄마 잠깐만 가만있어.
장환	자기야. 내가 진싸 잘못했어. 죽을죄를 졌어. 음식 쓰레기는 깜빡했고, 장모님한텐 내일 꼭 전화드릴게. 그리고 나 금방 들어가. 케이크 사갈까? 빵집이 문을 아직 안 닫았을까? 미안해. 사랑해 자기야. 누나야. 얼른 갈게.

전화 끊고 무조건 달린다.

"에잇. 씨~~발~~~"

S#66
장환의 집 (실내/다음날 아침)

안방 침대 위에서 효진과 하늬가 자고 있다. 조금 열린 방
문 밖으로 카메라 /PAN/ 하면 거실 소파 위에 옷도 갈아입
지 않은 채 잠들어 있는 장환. 초코파이 한 상자를 가슴에
품고 있다. 안방에서 들리는 시계 알람 소리에 눈을 번쩍
뜨는 장환.

장환   (잠결에 벌떡 일어나며) 누나! 자기야!

안방 쪽 바라보는 장환. 효진이 거실로 나온다. 잠이 덜 깼
지만 그 와중에 장환을 째려본다.

장환   문 연 빵집 있나 찾아다니느라…. 결국

못 찾았어. 편의점에서 초코파이라도 사
왔는데 잠들었더라. 너무 늦었지…?

장환, 초코파이 상자 내려놓고 가방에서 뭔가를 꺼내 효진
에게 건넨다.
만 원짜리 몇 장으로 접어 만든 장미꽃 한 송이!

장환　　　　늦었지만 생일 축하해.

효진, 푸시시 웃으며 장미를 받아든다.

효진　　　　오늘 이모랑 괴산 내려가기로 했다며?
장환　　　　응.
효진　　　　공연 전까지 올라오려면 서둘러야겠네.
　　　　　　　얼른 씻어.
장환　　　　알았어.

겉옷을 벗으며 안방으로 걸어가는 장환. 주머니에서 현금
서비스 영수증 툭 떨어진다. 효진이 무심코 집어서 본다.
기분 좋게 안방으로 들어가는 장환 뒤통수에 대고 효진이
소리 지른다.

효진   야! 복장환! 너 현금서비스 받아서 이거 만들었냐?

사색이 돼서 멈춰 선 채 뒤도 돌아보지 못하는 장환.

효진   (장미 돈을 풀어 세며) 하나 둘 셋 넷 다섯? 나머지 다섯 장은? 다섯 장은 어디 갔어? 또 누구 택시비 줬니? 너 언제까지 정신 못 차리고 현금서비스 받아서 여자애들 택시비 줄 건데? 엉! 쥐뿔도 없는 게 가오만 살아가지고!

후다닥 안방으로 들어가 방문을 걸어 잠그는 장환.
엄마의 고함소리에 잠에서 깬 하늬가 조금 한심하다는 표정으로 장환을 쳐다보고 있다.

하늬   아빠 또 사고 쳤어?
                에효…. 어떻게 눈 뜨자마자 사고를 쳐?

밖에서 문 두드리며 열라고 소리치는 효진. 장환은 얼이 나간 표정으로 서있다.

S#67
괴산 가정의학과의원 (실내/낮)

원장실 문이 열리고, 들어오는 장환과 금주.

원장 아이고…. 드디어 뵙네요.

장환 죄송합니다. 진작 와서 말씀을 들어봤어
야 하는 건데…. 아버지가 여기서 치료받
으셨다구요.

원장 네. 이명과 어지럼증 증상이 있으신데요.
이석증으로 생기는 경우도 있고, 뇌의 문
제 때문에 나타나기도 하거든요. 아무래
도 정밀검사를 받아보시는 게 나을 거 같
아서 여러 번 권했었죠.

금주 이석증…이요?

원장	우리 귀에 돌 같은 게 있는데 그게 떨어지면 어지럼증이 심하고 구토 증세까지 보이는 병입니다. 아버님은 이석증인지, 메니에르인지 검사를 해봐야 알 수 있습니다.
장환	네…. 검사를 안 하셨군요?
원장	네. 그리고, 근데 약을 드시고도 호전이 안 되고 증상이 6개월이나 지속된 데다 손떨림에 혀를 놀리고 말투도 좀 어눌해지신 거 같고.

/INS/ TV를 보며 차를 마실 때 떠는 용태의 손.
장환을 보며 이야기할 때 입안의 혀를 놀리는 용태 모습.

원장(v.o)	여러모로 안 좋으셔서 정밀검사를 받아보셔야 할 거 같아서 서울 큰 병원으로 가시라고 말씀드렸는데…. 안 가셨죠?

자신을 탓하듯 장환의 표정이 일그러진다. 금주가 장환을 힐끗 쳐다본다.

장환	아버지가 약 드시는 것도 숨기고 말씀을

전혀 안 하셨거든요.

원장 원래 사식헌테 아픈 얘기 잘 안 하려고 하
시죠. 특히 아버지들이 그래서 병을 키워
요. 그게 자식 위하는 게 아닌 데도…. 헌
팅턴 검사가 필요할 거 같아서 소견서 써
드린다고 했는데 그냥 가버리곤 다시 안
오셨어요.

장환 네? 헌팅턴 검사요?

원장 일종에 치매 검삽니다.

장환 치매요?

금주 형부한테 치매가 있었어요?

원장 형부요? 며느님이… 아니시고…?

장환 좀 이상하긴 했거든요. 애 유치원 하원을
시켜야 하는데 완전히 잊어버리고 계신
다든지, 밤에 잠을 안 자고 돌아다니신다
든지.

원장 그런 증상만 가지고 확진할 순 없고요. 그
래서 검사를 받아보시라고 하는 겁니다.

장환 그게… 가출하셔서… 실종 상탭니다.

원장 예? 아이고…. 큰일이네. 빨리 찾으셔야
할 텐데요.
헌팅턴이면 갑작스런 변화나 큰 스트레

스가 증상을 악화시킬 수 있거든요. 길을 잃거나 최악의 경우 가족도 기억하지 못하구요. 무조건 안정이 필요한 병입니다.

장환   ….

금주, 헉. 울음이 터진다.

S#68
괴산 시골길/장환의 차 (실외/낮)

운전하는 장환. 그 옆에서 생각에 잠겨있는 금주.

의사(V.O)   사실 여기 떠나서 서울 가시는 것도 좋지
                    않았는데…. 자식들을 힘들게 하면 안 되
                    겠다고. 여기 생활 정리하고 자식들과 조
                    용히 사는 것이 좋겠다고 하더군요.

금주   이제 어떡하지? 형부 어디 가서 찾아?

장환   (… 말 없다가 혼잣말하듯)… 찾아봐야
                    지….
                    서울 올라가면 전단지 돌리면서 찾아봐
                    야겠어.

금주   어디서부터 어떻게 돌려. 글구 다음 주부

터 지방 공연 시작해야 되잖아.

장환, 생각할수록 화가 나서 핸들을 마구 내려친다.
놀라는 금주. 석양은 지고, 서울로 가는 장환의 차.

S#69
공연장 분장실 (실내/오후)

조금 일찍 극장에 나온 장환. 전단지 가득 든 가방을 옆에
툭 내려놓는다.

/F/ 핸드폰 벨 소리.

번호를 확인하는 장환.

/INS/ 02로 시작하는 번호.

장환, 갸우뚱하며 전화받는다.

장환   여보세요? (사이) 네, 제가 복장환입니다.

경찰(E)   60대 후반에서 70대 초반으로 추정되는
남자분이 어제 교통사고로 사망하셨는데
신원을 확인할 만한 소지품이 발견되지
않아서요. 지문이 조회되지 않아 할 수

없이 관할구역 실종 신고 접수된 가족분들께 연락드리고 있습니다. 아버님이 키 165 체중 55킬로 정도, 혈액형 B형 맞습니까?

장환 네. 제가 B형이라 아버지도 B형 일 거예요. 지금 바로 가겠습니다. 거기가 어디죠? (사이) 알겠습니다. 도착해서 이 번호로 전화드리겠습니다. (사이) 네네.

전화 끊자마자 의자에 털썩 주저앉는 장환. 몸이 덜덜 떨린다. 진정시킬 틈도 없이 뛰어나가는 장환

S#70
서북병원 영안실 (실내 외/낮)

급하게 주차장으로 들어오는 장환의 차.
삐딱하게 주차된 차에서 급히 내려 달리는 장환. 카메라가
그 뒤를 빠르게 쫓는다.

(시신 안치실)
냉동실에서 나와 있는 시신. 흰 보를 얼굴까지 덮어놨다.
경찰과 안치실 담당자가 곁에 서 있다. 담당자가 시신의 얼
굴을 가린 흰 천을 걷어낸다. 장환, 차마 못 본다.

경찰	(장환에게) 괜찮으십니까?
장환	(떨리는 목소리로) 네….

심호흡 후 간신히 시신의 얼굴을 확인하는 장환. 흐흑….
눈물이 터져 나온다.

장환   아니에요. 우리 아버지 아니에요.

어린애처럼 엉엉 우는 장환. 가만히 기다려주는 담당자와
경찰.

장환(NA)   고마워요 아버지. 찾으러 갈게요. 꼭 살
                 아계셔야 해요. 꼭.

S#71
장환의 집/용태의 방 (실내/밤)

집으로 들어오는 장환. 발걸음이 무겁다.

집안으로 들어와 닫혀있는 용태의 방을 쳐다보다 들어간다. 이리저리 둘러보다 앉은뱅이책상 위에 놓여 있는 메모지.

/INS/〈잘 있거라 3번아, 5번은 간다〉앞에 두고 깊은 생각에 잠긴 장환. 그러다 장롱을 열어보고, 이것저것 뒤지다가 옛날 사진첩 하나를 꺼낸다. 사진첩을 보다가 웃으며 넘기다가 사진 하나 발견한다.

젊은 시절의 아버지와 어머니, 그 옆으로 오윤과 장환. 당시 키우던 흰둥이를 아버지가 살짝 밀치는 모습으로 찍힌 사진이다. 장환과 오윤의 포즈는 아버지와 똑같다. 사진을 보다가 방에 걸린 작은 벽거울을 번갈아 보는 장환. 지금 자신의 얼굴은 젊은 시절 아버지 얼굴이다. 닮았다. 아니 똑같다. 그걸 깨닫는 순간. 울음을 왈칵 터뜨리는 장환.
울다가 갑자기 생각이 났는지. 사진 속 가족을 세어본다.
하나(아버지), 둘(어머니), 셋(장환), 넷(오윤)… 다섯(개똥이).

/INS/ 잘 있거라 3번아, 5번은 간다.
그리고 자신의 핸드폰을 열어 찍어둔 가족사진을 본다. 자신과 효진, 하늬, 용태. 하늬가 밍밍을 안고 효진과 함께 가운데 있다.
효진부터 세어보는 장환.

장환　　　일(효진) 이(하늬) 삼(장환)… (용태를 가리키려다 밍밍을 짚으며) 사… (용태를 손가락으로 짚으며)… 오….

장환은 핸드폰을 부여잡고 흐느껴 운다.
그 모습을 뒤에서 물끄러미 보고 있는 효진.
하늬도 무얼 아는 듯 조용히 아빠를 쳐다본다.
/F.O/

복장환 인물탐구

복장환이라는 인물의 성격과 배경을 이해하는 데에 별다른 설명이 필요하지 않다. 효진, 금주, 재현 등 모든 인물은 장환이와 연결이 되어 있어 이들의 관계나 대화, 사건을 통해 장환이라는 인물에 대하여 충분히 추론할 수 있기 때문이다.

이 영화는 1부와 2부로 구성되어 있는 데, 1부는 장환이가 마주하는 시간에서의 사건을 다루고 있다. 인간은 시간과 공간을 넘나들 수 없는 존재이므로, 그 시간과 그 장소 그리고 마주했던 시간에 대한 기억으로 '타인'을 이해한다. 그 기억이라는 것의 속살은 감정이라는 것으로 구성되어 있어서, 타인을 이해할 때 감정이 먼저 떠오른다고 한다.

장환이가 이해한 가족은 따뜻한 감정을 가지고 있지 않다. 외골수며 명령조 말을 뿜어내던 아버지, 공부 잘하는 동생에게 희생을 강요당하는 것이 당연한 집안 분위기, 그것이 가족에 대한 기억의 대다수였다. '사랑받고 있다, 사랑하고 있다'라는 감정을 가져본 기억을 찾기 어렵다. 그것은 눈앞에 서 있는 커다란 벽처럼 책임감이라는 것이 가로막고 있었기 때문이다. 장남으로서의 책임감이고, 한 아이의 아빠로서의 책임감이고, 극단에서는 대표이자 배우로서의 책임감이다. 이 모든 것을 잘 해내고 싶어 하지만 매일매일 책임을 져야 하는 다른 사건이 터진다. 이걸로 너무 괴롭고 힘들어하는 인물이다.

장환이는 어느 순간부터는 자신의 생각이나 힘을 써야 하는 곳에만 에너지를 쓰기 시작했다. 집안 쓰레기를 치운다던가, 공과금을 내야 한다던가, 그래서 심지어 아내의 생일까지 잊고 지낸다. 그래야 공연을 성공적으로 마칠 수 있다. 공연이 성공해야 부와 명예, 자신의 가치 모두를 보상받을 수 있다고 생각한다. 장환이가 결혼하기 전까지는 집안의 모든 일은 엄마가 다 챙겨줬었다. 집에 쌀이 떨어졌는지, 제사가 언제인지, 생일날 미역국까지, 엄마는 집안을 지켜주는 기둥이었을 것이다. 조용히 혼자 서울로 상경했을 때에도 엄마에겐 말을 했던 장환이다.

혼자였기에 본인이 하고 싶은 일이 무엇인지 찾을 수 있었고, 배우도, 결혼도 할 수 있었다. 막상 결혼하고 나니 본인을 위해 살아가는 것 자체가 불가능해 보였다. 시간이 흐를수록 항상 능력이 부족하다는 생각이 들었고 자존감, 자신감 모두 떨어져만 갔다. 이렇게 장환이의 한쪽 면은 덜 자란 아이인 채로 남겨졌다.

장환이 연기할 때 뿜어져 나오는 미친 아우라에 빠진

채린이는 장환이가 거대한 선배로 보였을 것이다. 그러나 효진이가 장환이의 코 닦아주는 모습에 꽤나 혼동스러웠을 것이다. 장환이는 이렇게 누군가가 자신의 한쪽 면을 지켜주어야 온전히 서 있을 수 있는 인물이다. 어쩌면, 아버지의 집안으로부터 벗어나기 위해 배우가 되었는지도 모른다. 연극 속에서라도 다른 세상과 다른 삶을 살아 볼 수 있기 때문이다.

그러던 어느 날 기둥이었던 엄마가 돌아가셨다. 당장 홀로되신 아버지를 누군가는 모셔야 한다는 것이다. 이런 상황에 모든 책임의 집게손가락 방향이 장환이를 가리키고 있다. 장환이는 이 현실을 받아들인다. 책임감 때문이다. 그러나 정작 같이 사는 아내의 동의를 얻지 않고 실행했다. 뿐만 아니라 아버지의 마음도 그러한지 동의를 구하지도 않았다. 어설픈 책임감은 주변 사람을 힘들게 할 뿐이고 갈등이 생길 수밖에 없었다.

무거운 짐처럼 생각되던 아버지가 사라지자 정작 더 큰 무게의 죄책감이 몰려왔다. 급한 마음에 실종 신고를 하면서 장환이는 아버지에 대해서 아는 것이 없었다는 것을 깨닫는다. 아버지가 좋아하는 음식이 무엇인지, 요즘 무슨 생각을 하지는 지, 어디가 아픈지, 친구가 누구인지, 어디에 자주 가는지, 경찰이 묻는 물음에 제대로 답할 수가 없었다. 장환이가 힘들어하며 지고 있었던 아들로

서의 의무감과 책임감이 과연 무엇이었던 것일까?

자신도 30년 후면 아버지와 똑같은 처지가 될 거라는 것을 아들은 직감적으로 느꼈을 것이다. 인생 말년에 자신도 가정과 사회에서 소외되지 않으려면 아버지를 찾아야 한다. 일단 찾고 보자라는 생각이 들었을 것이다. 찾기 위해선 아버지를 알아야 했다. 그래야 무슨 생각으로, 왜, 어디로 갔는지를 파악할 수 있기 때문이다.

이제야 아버지 방을 들여다보고, 서랍을 뒤져본다. 그런데 웬일. 서랍에서 돈뭉치가 나왔다. 아버지의 서랍에서 발견한 돈을 보고 아버지를 의심한다. 아버지 사랑에 대한 확신이 없으니, 아버지의 인생도 의심한다. 자신의 삶은 인정받고 싶어 하지만 아버지의 삶을 인정하는 것부터라는 생각은 하지 못한다.

2부

S#72
복용태의 집 (실내/장례식 후)

현금순 장례식 후, 시골집에 모인 가족.
한쪽 거실에서 떠들고 있는 자녀들의 모습에서 카메라를
돌리면 용태가 멍하니 담배를 피고 있다. 담배를 피우는 건
지 물고만 있는 건지. 알 수 없는 표정에서 카메라 /PAN/
뒤뜰에서 통화하고 있는 장환.

장환　　　　친구야 좀 도와주라. 막판이라 자금이 딸
　　　　　　려서 그래. 공연만 올라가면 그때부턴 티
　　　　　　켓 수익 나니까 금방이야.

　　　　　　(전화 건너의 소리는 들리지 않는다)

이틀이나 출근 못했다고…? 이번 독감이 심하대. 아퍼서 어떡하냐. 빨리 나아야지 병원 가서 링겔 좀 맞고, 회복해라.
(사이) 그래. 그렇다니까. 3천이 안되면, 천이라도 해주라. (사이)
진짜 안되겠냐. 오죽하면 엄마 장례 치르고 온 날 죽는소리 하겠냐고. 내가 배우지 사기꾼이냐. 그래. 그래. 몸조리 잘하고. 알았다. 후우(한숨).

화를 내는 건지 울먹이는 건지 전화 끊고는 고개를 푹 숙이는 장환.
/Cut to/ 무표정의 용태.

탁! 약통을 내미는 의원의 손. 약을 중심으로 의사와 용태
가 있고, 얼굴을 보이지 않으나 목소리가 들린다.

원장   여기 보시면 '구토'라고 써 있죠? 이건 어
            지럽고 토 나올 때 드시면 돼요. 그리고
            여기 '두통'이라고 씌어 있는 건 머리 아
            플 때 드시면 되는 거구요.

용태   그려.

원장   고집부리지 마시고 서울에 가서 정밀검
            사 한번 받아보세요. 자식들한테 짐 되기
            싫다고 병 키우잖아요? 그러다 나중에 진
            짜 짐 되는 거예요.

용태	(약을 흔들면서) 이거면 충분햐. 귀에서 소리만 안 나면 돼여. 잠을 못자겄어. 귀에서 웽웽거리고 그어어… 그런 소리 나고, 어지럽고 답답하니 자꾸 인나서 창문을 열어봐.
원장	이건 그냥 진통제 같은 거예요. 일시적으로 증상을 가라앉히는 거지 치료되는 게 아니라구요. 정확한 병명을 찾아서 치료하셔야 돼요. 어르신.
용태	이렇게 살다 죽으면 그만이여.

약병을 들고일어나는데 용태의 손이 떨린다.

용태	아침을 안 먹었더니….

진찰실을 나선다. 약하고 힘없는 용태의 뒷모습.

저녁. 용태의 집으로 드리워진 노을.

어두워지는 시골 풍경.

용태방 한쪽 자그마한 소반엔 김치, 김, 물 말아먹고 남은 밥그릇이 놓여 있다.

어두운 방 안에 달빛만 들어오고, 옷을 벗는 용태의 실루엣이 움직인다.

낡은 내복만 입은 상태로 이불을 정갈하게 펴는 용태. 그리고 약통이 잘 안 보이는지, 잠시 내려다보다가 결심한 듯 뚜껑을 열고 손에 쏟아붓는다. 수십 개의 알약이 손에 넘쳐 바닥에도 떨어진다. 한 움큼 잡은 약을 입에 털어 넣고 꾸역꾸역 목으로 넘기는 용태.

실루엣마저 고독하고 불안하다.

용태   (아내의 영정사진을 보며) 설거지 안 해 놓고 왔다고 뭐라 할겨? 오늘은 암것도 하기 시려(싫어). … 손이 떨려서 모더(못 해). (허탈한 웃음) 안즉 거 있지? 좀만 기 다려. 금방 갈 테니께….

마치 오늘이 마지막인 듯 잠자리 이불 머리맡에 옷과 양말을 가지런히 포개 놓고 조용히 눕는다.
/F.O/

/Fade In/ 집 앞에 〈하늘일꾼〉이라는 래핑을 한 유품정리
업체의 차가 서 있고, 동네 사람들 용태의 집 앞에 모여 웅
성거린다.

상조 직원 복장을 한 유품정리사들이 집 앞에서 잠시 묵념
하고 안으로 들어간다.

밖에 용태의 자식들이 있다. 장환 내외는 울고 있고 오윤은
떫은 표정으로 담배를 핀다. 등을 돌리고 서 있는 오윤 처.
누군가와 통화 중이다.

/부감/ 용태. 죽어 누워있는 모습.

문을 열고 들어서는 유품정리사들.

유품을 정리하다 유족을 부른다. 모두 안으로 들어가자 집 안 풍경이 보인다.

반듯하게 누워 이불 덮고 있던 용태의 자리는 부패해 흉측하다.

밥상 위에 파리가 날아다닌다. 냄새 때문에 효진은 구역질하며 밖으로 뛰쳐나간다. 수건으로 얼굴을 가리고 있는 오윤 처의 얼굴은 보이지 않는다.

유품정리사가 가방이나 옷가지를 들어 보이며 묻는다.

유품 직원1   이건 어떻게 하실 건가요?

오윤 처	(코와 입을 수건으로 막고) 다 버려주세요.
유품 직원1	태울까요?
오윤 처	태우든 버리든 알아서 해주세요.
유품 직원2	여기에 통장과 도장이 있으신데요.
오윤	이리 주세요.
오윤 처	아니에요. 그건 저한테 주세요. (통장을 빼앗듯 챙긴다)
유품 직원1	(낡은 사진첩을 가리키며) 이건 어떻게 할까요?

벌레가 바글바글한 사진첩. 벌레들이 유품정리사의 손을 기어다닌다.

| 오윤 처 | (헛구역질하며) 다 치워주세요. 하나도 남김없이 전부 다. |

말하곤 그대로 나가버리는 오윤 처.
온 집안에 벌레들이 버글버글하다.
고개 숙인 장환 내외와는 다르게 오윤과 오윤 처의 슬픔인지 웃음이 알 수 없는 표정. 클로즈업
/Cut to/

S#77
용태의 방 안 (새벽녘)

악몽을 꾼 용태. 잠에서 깬다. 일어나 방안을 다시 둘러보
면 잠들기 전 그대로.
다만 아침 5시 50분을 가리키는 벽시계.
용태. 식은땀을 닦는다.

S#78
마을회관 (실내/아침)

한쪽에서 분주히 음식을 장만하고 있는 마을 아줌마들.
여전히 무표정하고 무뚝뚝한 용태.

마을 노인1   복가 왔냐?

마을 노인2   밥때 딱 맞춰 왔구먼.

용태   할망구 없이 먹고살라니께 별 수 있나.

마을 아줌마들 분주히 상에 음식을 놓는다.

마을 노인2   허허허 맞네. 늙으면 눈치라도 빨라야 뭐
래도 은어 먹는겨.

아줌마1   어여 앉아서 따끈헐 때 드슈.

용태	쓰레기(시래기)국 끓인겨? 이거 우리 할망구가 참 맛나게 끓이는디. (한 숟갈 뜬다)
아줌마1	간이 어뗘?
용태	닝닝혀.
아줌마2	성님이 영감님들 고혈압 있다고 간을 요 맨 큼뿐이 안헌다니깨유.
용태	내가 짜게 먹어서 그랴. 할망구도 맨날 타박이여. 나보고 일찍 죽을 거냐 잔소리 더만 자기가 먼저….
아줌마1	아줌니 생각나시는구먼. 쯧….
마을 노인1	이러고 궁상떨지 말고 서울 며눌네로 가여.
용태	거길 왜 가?
마을 노인1	집도 널찍허고 아들 며느리도 세상 효자 효부람서?
용태	맞지.
마을 노인2	그럼 아들네서 살지 다 찌그러진 집서 혼자 뭔 궁상이랴? 나 같으면 가겠네.
아줌마1	그래도 내 집이 나여. 아들도 장개 들면 남의 식군디.
마을 노인2	아줌니 신식이네.
아줌마1	신식이지.
마을 노인1	걍 구식으로 햐. 만날 자랑해쌌드만 인저

그 아들 덕 보고 사려.

용태 허이… 참! 내가 손이 없어 발이 없어. 밥도 웬만한 여자들보다 더 잘 해여.

마을 노인1 그려. 알아들었으니께 짜네 싱겁네 허지 말고, 주는 대로 먹기나 혀. 메누리 밥도 못 얻어먹는 주제에.

용태 뭐여? 말 다 혔어?

아줌마2 아이고 쌈 나겠네. 그만들 혀요. 용태 오라버니가 자식 잘 키운 거 온 마을이 다 아는디. 웅? 이 촌구석서 자식 미국 유학까지 보냈겠다, 그 덕에 미국도 가보고. 난 부럽기만 허등구먼. 장환이는 뭐래나. 테레비에도 나오는 탤런트 맞쥬?

아줌마1 난 못 봤는디 테레비에도 나와?

아줌마2 (쿡쿡 찌르며) 성님이 눈이 어두워서 그런갑지.

용태 우리 장환이는 같이 살자고, 메누리도 직장 댕기느라 바쁘니께 자주 와 보도 모더고(못하고) 저녁마다 애가 타서 전화를 해여. 아들이 허고, 메누리가 허고 손주 년이 또 허고. 그래도 여가 좋아서, 고향이 좋아서 사는 거여. 자식들이 그렇게 오라 해도 내가 여가 좋아서!

마을 노인1 됐다 복가야. 우·리 다 도찐개찐이여. 부모 모시고 살라는 자식이 워딨냐? 성씨가 복가면 뭐더. 자식복이 있어야지. 자네나 나나 자식농사 글러먹었어.

용태 우리 장환이가 느 아들맨치(처럼) 애만 던져놓고 내뺄 놈인 중 알어? 난 내일 당장이라도 서울 올라가 살 수 있어!

마을 노인1 (벌떡 일어나고 싶지만, 몸이 말을 안 들어 주저앉으며) 이 자식이!!

아줌마1 따순 밥 자시라고 차려났더만 밥상머리에서 잘들 혀요. 응?

마을 노인1 진짜 가나 못 가나 내가 두 눈 똑바로 뜨고 지켜볼 겨!

용태 그려. 봐! 내가 아들네 집에 가나 안 가나!

씩씩거리며 마을 회관을 나가는 용태.

S#79
○○추모공원 (실외/저녁)

힘겹게 공원에 올라가는 용태. 손에 꽃과 검은 비닐봉지를
들고 있다.

무뚝뚝한 용태지만 아내에게만은 남모르는 애정이 있다.

수목장한 나무 앞. 용태. 안주머니에서 꺼낸 수첩에 아내의
사진이 붙어 있고, 사진 보이게 수첩을 세워둔다. 사진 속
다소 젊어 보이는 용태 아내(현금순).

아내와 이야기하듯 묵묵히 쳐다보는 용태.

깨끗하지만 소박한 호텔.
툭툭 베개를 두들기는 손. 금순이 베개를 베고 눕는다.
그 옆에서 잠을 뒤척이는 용태.

금순   (베개) 푹신 허니 좋네. 당신도 좋쥬?
　　　　　당신 덕분에 호텔에서 잠을 다 자보고.
　　　　　호강이구먼.

잠을 못 이루는 듯 또 뒤척이는 용태.

용태   참내…. 아덜 넘이 여기서 하루 자고 오
　　　　　라니까 자는 거지 뭐.

금순	(뒤척이는 용태를 바라보며) 왜 잠을 못 자고 그라?
	이잉…. 술 생각이 나는 갑네.
용태	(벌떡 일어나며 괜스레 화를 낸다) 내가 술꾼인가?!

화를 내다가 인지한다. 아내가 없다는 것을. 아내의 빈자리, 베개 위에 수첩의 사진이 놓여있다. 용태, 미안해진다.

용태	…. 장환이네서 살아보려고…. 괜찮겠지?
금순	(다른 데서 나타나) 당신 그 성질머리 부리지 말고. 큰소리도 치지 말고. 장환이는 꿈이 있는 아이니깨 잘 허라고 격려만 해줘여.
용태	할망구가 죽어서도 잔소리여. 내가 알아서 잘 헐 테니깨 걱정 말어.

뒤돌아 눕는 용태. 시골서 싸 들고 온 호텔방에 어울리지 않는 낡은 가방이 한구석에 처량맞게 놓여 있다. F.O

S#81
호텔 앞 바닷가 (아침/야외)

/F.I/

멋진 바다 풍경. 앉아서 쳐다보고 있는 용태.

몸이 아픈지 어깨를 툭툭 두들긴다. 옆에 용태의 낡은 가방 놓여있다.

금순	밤새 못 자 둥만….
용태	임자는 코까지 골면서 잘도 자둥만 어째 안겨?
금순	기왕 호텔서 자는 거. 포도주 그런 거라도 한잔 허고 주무시지.
용태	(버럭) 그게 무슨 술이야? 비싸기만 허지!
금순	그려어. 평~생… 그렇게 살다 가여. 멋대

가리 없게.

용태   헛! 여편네… 죽고 나니까 무서운 게 없지?

금순   이제 무서울 게 뭐 있나. 장환이헌테 가기 그러면 다시 시골로 가여. 영감탱이덜 뭐라고 혀도 모른 척 허면 그만인디. 아들이 중허지 넘이 중해여?

용태   시려. 내 아들 욕허는 놈들은…!
다시는 꼴도 보기 시려….
(생각하니 더 화난다) 개코나! 얻다 대고 무시하고 그려!

푸르른 바다 한가운데에 서 있는 통통배.

S#82
바다 배 (회상/낮/낚시)

낚싯대를 드리우고 아이와 아빠가 떠들고 있다.

어린 장환　　바다가 이렇게 큰데 물고기를 어떻게 잡아?

젊은 용태　　낚시는 말여, 정성과 집중력이 필요헌거. 오늘 잡은 놈으로 다가 맛있는 매운탕 끓여줄 테니깨 기대혀.

어린 장환　　(지거운지 몸을 꼬며) 그냥 아빠 혼자 잡으면 안 돼? 몇 시간째야 이게!

젊은 용태　　낚시는 인생과 같은 겨. 낚싯대를 던져놓고 기회가 올 때까지 참고 인내하는 겨~. 성공은 그냥 오지 안어. 넌 언제까지 이런 촌구석에서 살겨? 그려 안 그려?

어린 장환   피~. 아빠 오윤이는 안 데려오고 왜 맨날 나한테만 시켜?

젊은 용태   윤이는 어리잖아. 넌 우리 집을 이을 장손이야. 장손!

어린 장환   (입질 없는 낚싯대를 바라보다 갑자기 일어나) 대신 아빠가 물고기 잘 잡으라고 내가 노래해 줄게.

젊은 용태   (웃음) 그려~~. (어느새 소주 한 병 까면서) 우리 장환이 노래 한 소절 들어보자. 그 소리 듣고 물고기들이 몰려오나 어쩌나~.

노래하는 장환. 무척이나 행복해하는 용태.
용태 뒤로 멀어지는 카메라. 떠오르는 태양.

S#83
횡단보도 (실외/아침)

횡단보도 신호등 앞에 선 하늬와 용태.

용태와 하늬 앞으로 굉음을 내며 쉭쉭- 지나가는 차량들.

조그마한 하늬 손이 용태의 손을 살포시 잡는다.

하늬와 용태, 서로 마주 본다. 기분이 좋아지는 용태.

용태	하늬는 우리 집에서 누가 제일 좋아?
하늬	밍밍이.
용태	개새끼 말고 가족 중에서.
하늬	밍밍이도 우리 가족인데?
용태	(허헛) 그럼 사람 중에서.
하늬	음… 그건… 그건…. 난 우리 가족 다 좋아.
용태	그려…. 그럼 엄마가 좋아 아빠가 좋아?

하늬	엄마! (했다가 눈치 보며) 랑 아빠.
용태	허허. 아버지는 개헌테 밀리고 아들은 마누라헌테 밀리고…. 헙….

도착한 유치원 버스.

S#84

KFC (낮)

KFC 간판을 보곤 들어가는 용태.

KFC 직원   어서 오세요. KFC입니다.

매장이 시끄럽고, 유니폼을 입은 직원들은 분주하다. 용태
는 주위를 둘러보더니 음식 준비하는 KFC 직원을 보곤

용태   (큰소리로) 이봐요.
KFC 직원   (일하다 용태를 보곤) 할아버지 뭘 도와
                드릴까요?
용태   치킨 한 마리 주소. (주머니에서 현금을
                꺼내며) 얼마요?

KFC 직원	할아버지 (손가락으로 키오스크를 가리키며) 저쪽에서 주문하시고 결제하시면 돼요.
용태	(인상 쓰면서) 여기서 안 하고 저 기계로 하라고?!
KFC 직원	네. 저기에서 원하시는 치킨 종류를 고르시고, 선택하시면 돼요.

용태. 성질 난다. 키오스크 앞에 선 용태. 한참을 쳐다본다. 매장은 떠드는 사람들 소리로 시끄럽다. 몇 번 이것저것 눌러 보던 용태는 이내 포기한다.

용태	(직원을 향해) 이봐요, 이봐!

직원들은 쳐다보지도 않고, 매장 사람들만 쳐다본다.

용태	(더 큰소리로) 이봐요!! 여기!

알바 직원 한 명이 온다. 너무 어려 보인다. 용태가 직원을 황당하다는 듯이 쳐다보더니,

용태	이거 어떻게 하는 거요?

직원	네~. 할아버지.
	치킨은 종류는 뭘로 하시겠어요?
용태	손주가 유치원 갔는디, 갔다 와서 애기가
	배불리 먹을 만한 걸로 좀 주쇼.
직원	그럼, 오리지널 치킨 5조각 세트로 하시
	면 어때요?
용태	그걸로 주쇼.
직원	(키오스크를 누르면서) 네. 이거 선택하
	고…, 음료는 콜라로 할까요? 사이다로
	할까요?
용태	사이다요. 콜라는 몸에 안 조은깨.
직원	네. 이렇게 선택하시고, 여기에 카드를
	꼽으세요.
용태	카드? 없는데. (현금을 꺼내며) 현금으로
	해주쇼.
직원	(난감한 듯) 아…. 여긴 카드밖에 안돼서.
용태	카드밖에 안된다니, 그런 세상이 어딨는
	겨!?
직원	아…. 그럼, 이쪽으로 오세요. 저기에서
	해드릴게요.
용태	(직원을 따라가며) 이짝에서 되는 거면
	진즉이 여기서 해줬어야지!

S#85
장환의 집 (실내/아침)

아침 7시 알람 소리. '탁'하고 끄는 효진의 손.

샤워 소리. 세상모르고 자는 장환의 얼굴.

부엌에서 냄비를 만지작거리며 서 있는 용태.

젖은 머리를 털며 나오는 효진.

효진(V.O)   아버님 거기서 뭐 하세요?

용태   (멋쩍어하며) 응. 뭐 좀 끓여볼까 허구.
어멈 넌 바쁘니깨 출근 준비나 혀.

효진   뭘 하시게요? 저희 아침엔 그냥 빵 먹기
로 했잖아요, 아버님.

용태   아니…. 어제 하도 심심혀서 시장을 한
바퀴 돌아봤는디 청국장이 있드구먼. 요

즘 소화도 잘 안되고….

효진   (놀라) 청국장 끓이시게요?

용태   (며느리가 좋아하는 줄 알고) 맛이 있으
나 없으나 기냥 다 같이 한 술~.

효진   (말 끊으며) 안 돼요, 아버님. 출근해야
하는데 옷에 다 배이고, 그거 끓이면 냄새
가 사흘 간단 말이에요. 저희만 사는 집
도 아니고…. 이웃들이 싫어해요.

용태   (충격받은 표정으로) 그럼…, 서울 사람
들은 청국장을 안 먹냐?

효진   먹긴 하지만, 아침엔 냄새 배어서 안돼요.
바쁘니까 간단하게 먹는 게 좋아요. 아버
님. 아침에 일찍 일어나서서 할 일 없으시
면 밍밍이 밥 좀 주세요. (부엌장 문을 열
며) 여기에 밍밍이 밥이 있는데, 이거를
여기 밥그릇에 놔주면 돼요. 아셨죠?

용태   그랴… 알았다….

토스트기에서 식빵이 톡 튀어나온다.

효진   자기야! 하늬 좀 깨워.

장환   (잠이 안 깬 소리로) 으응.

마지못해 옆에서 자고 있는 하늬를 흔들어 깨운다.

장환   하늬야. 일어나. 유치원 가야지~.

하늬는 여전히 자고 장환도 다시 잠든다.

효진   (짜증 났다) 하늬 아빠!!!

잠이 덜 깬 얼굴로 방에서 나오는 하늬. 용태가 얼른 다가
가 하늬를 안아준다.

용태   우리 하늬 잘 잔겨?
하늬   으~ 냄새. 할아버지 입에서 똥냄새 나.

용태, 무안한 표정 지으며 하늬에게서 얼른 떨어진다.

효진   하늬야. 할아버지한테 그러면 못써!
하늬   밍밍아~.

밍밍이를 안아주고 뽀뽀하는 하늬. 밍밍이도 좋아 난리다.
소외된 용태.
방으로 가려는 데 장환이 보인다.

장환은 머리가 뻗쳐 있는 채로 피곤한 잠을 깨우려는 듯 베란나에서 담배를 피고 있다.

지난밤 거실.

화장실에 가려고 나왔다가 베란다에 있는 장환을 바라보는 용태.

베란다 문을 열고 서서 담배를 피우고 있는 장환의 뒷모습.

담배연기를 핑계 삼아 장환이 한숨을 길게 내쉰다.

방으로 들어와 통장을 꺼내보는 용태. 겨우 백여만 원 정도 찍혀있다. 용태도 한숨을 길게 내쉰다.

하늬와 유치원 아이들이 올라탄다.

스르륵 '탁' 하고 닫히는 유치원 차 문.

유치원 차는 '붕~' 떠나고 혼자 남은 용태.

전봇대에 전단지 몇 장 나풀거린다.

구인구직이라고 씌어 있는 전단지를 유심히 본다.

전부 '여자 구함', '숙박 제공', '60세 이상 환영'이다.

그러다 용태 눈에 '직판장 인삼 쌀 고구마 세일' 등 씌어 있는 전단지가 보인다. 유심히 쳐다보는 용태.

S#88
지하철 플랫폼 (실외/낮)

햇빛이 들어오는 지상 플랫폼. 지하철이 요란한 소리를 내며 들어오고 나간다. 저마다 목적이 있는 듯 예쁘고 멋지게 뽐낸 구두들이 들락날락 바쁘게 움직이고, 플랫폼에 서 있는 용태. 모두 바쁜 중에서도 혼자 느릿한 모습이다. 유행 지난 등산복 차림에 거꾸로 된 C자형으로 굽은 어깨에 백팩이 늘어지게 매달려 있다.

지하철이 들어오자 용태가 올라탄다. 노약자석으로 가 앉는 용태. 옆에 앉아 있는 노인이 보고 있는 벼룩시장의 '구인구직'란이 눈에 들어온다.

지상을 달리던 지하철은 다시 어둑어둑한 지하로 들어선다. 터널 안이라 더욱 커진 소음. 차창 밖 노오란 불빛들이 엿가락 늘어진 마냥 주욱 늘어선 채 달려간다.

1부와 2부를 나누는 연출 표현

1부와 2부는 시간을 시점으로 나누었지만 용태 인생의 시간은 터널이라는 공간으로 구분된다.

복용태가 장환이의 집을 나와 첫 번째로 이동한 곳이 강화도다. 복용태를 좀 더 들여다보면, 20~30대 시절엔 멀리 바다를 건너 중동 건설 현장에서 일을 했었다. 중동 붐이었던 시절이었다. 그리고 30대 후반에 전남 여수에서 일을 하였다. 중동에서 돌아와 일을 하였던 곳이 바닷가였고, 그것은 인생에 다시 새로운 일을 하던 시절이다. 용태에게 바닷가는 인생의 새로운 일을 하는 상징적 공간이다. 서울에서 가장 가까운 바닷가는 인천이고, 섬으로 되어 있는 인천 강화도는 용태에게 특별한 의미로 다가오는 장소였을 것이다.

기차를 타고 인생의 전환이 되는 공간으로 들어가는 상징을 기차가 터널을 들어가는 것으로 표현하였다. 은퇴한 늙은 나이에 무슨 일을 해야 될지도 모르고, 앞으로 어떤 일이 벌어질지 불안과 함께 새로운 공간으로 간다. 그러기에 어두운 터널 속으로 들어가고 아무것도 보이지 않고, 오로지 차창 밖으로 보이는 노란 불빛만이 끝없이 길게 줄 서 있을 따름이다. 이 장면은 용태의 불안함의 크기와 길이만큼 표현되어야 한다. 터널이 지나면 밝은 빛으로 나가가며 외부의 세상이 보이겠지만, 그러한 장면은 넣지 않을 것이다. 어두운 터널 장면 다음 컷은 바로 혜경이네 식당에서 시작된다.

용태가 다른 새로운 세상으로 들어간 것이면 좋겠다. 이 터널이라는 공간을 통과하기 전까지는 피동적 인물이다. 누군가에 의해 계속 보여지는 인물이었고, 본인의 거처나 해야 할 일까지도 아들이나 며느리에 의해 결정되곤 한다.

이 터널이라는 공간을 통과하면서, 스스로 새로운 삶을 펼져진다. 앞으로 어떤 일이 벌어질지는 아무도 모른다. 그러나 그것을 능히 하겠다고 선택했다. 이제는 삶을 능동적으로 결정한 인물이 들어선다. 혜경이네 식당에 등장하며 한 첫 대사는 장사 잘 하고 있냐면서 '예전처럼 한 상 차려 달라'라고 말한다. '예전처럼'이라는 말은 용태의 결심을 잘 나타내준다. 용태는 스스로 인생을 개척하던 시절, 가족을 이루고 가장으로서 책임을 완수하던 그 시절로 돌아가겠다는 선포이다.

용태 역할을 하는 배우는 그전까지 무기력하고 아무런 의지도 없던 할아버지가 이 장면 이후부터는 목소리에 힘도 있고 걸음걸이도 달라진 모습으로 연기할 것이다. 용태에게 주어진 삶의 시간은 다 타들어가는 촛불처럼 얼마나 남지 않았을 수도 있다. 그러나 온몸의 진액을 끌어 심지에 불빛을 크게 만들어 올리고 있다.

S#89
강화풍물시장 (실내/낮)

2층 식당가의 계단으로 올라가는 용태. 다리가 무겁고 쑤신다. 식당 주인들의 호객 행위 속에서도 아랑곳하지 않고 익숙하게 지나쳐가는 용태. 혜경이네 식당으로 들어가며 주인에게 인사한다.

용태	장사 잘 해여?
혜경이네	아이구! 이게 누구래? 복 사장님 아니세요? 세상에 이게 얼마 만이에요!
용태	옛날처럼 한 상 차려봐여. 소주 한 병허고. 빨간 걸로!
혜경이네	네네.

자리 앉고는 손에 들고 있던 벼룩시장 구직란을 펼쳐보는
용태.

혜경이네(V.O) 신기하네. 마침 복 사장님 좋아하시는 거
해놨거든요. 오실 줄 알았나 봐요.

용태 으응?

냉장고 안쪽 꽁꽁 싸놓은 통에서 뭔가를 꺼내 컵에 따라 건
넨다.

혜경이네 고구마 식혜 잘 드셨잖아요.

용태 아이고~ 이게 대체 얼마 만이여.
(한 모금 마신다) 캬~ 솜씨 여전허네.

혜경이네 (찬을 상 위에 올리며) 순무김치도 맞춤
맞게 익었어요. 모두 건강하시죠? 아드님
들 장가들 때 안 됐나?

용태 둘 다 장개 들었지. 인저 처제 하나 남았
어. (순무김치 하나 집어먹으며) 가끔 이
거 생각이 나여.

혜경이네 쉬워요. 순무만 사다 아주머니 갖다 드리
면 맛있게 담가주실 거예요.

용태 갔어. 할망구.

혜경이네	아이고… 아직 한창나이에 어쩌다….
용태	췌장암이랴. 별로 누워있지도 않고 가버리더만.
혜경이네	그래서 복 사장님 낯빛이….

주방에서 뚝배기에 담긴 국밥을 가져다 용태 앞에 놓는 혜경이네. 소주 한 병, 잔은 두 개 내려놓는다.

혜경이네	따술 때 후루룩 잡숴요. 뜨끈한 국물 들어가면 슬픈 일 힘든 일도 잠깐씩 잊어진다고 옛날 여수 있을 때 복 사장님이 그러셨는데.

용태 앞에 소주를 따라주며 자기도 한 잔 따라 쭉 마신다.

혜경이네	이건 아주머니 술이에요. 제가 대신 마셨어요.
용태	(허허 웃으며) 우리 할망구는 술 한 방울도 모뎌.
혜경이네	(벼룩시장 슬쩍 보며) 일자리 구하시게요?
용태	으응…. 놀자니 몸이 쑤셔서.

혜경이네　복 사장님 바지런하신 거야 제가 누구보
다 잘 알죠. 함바집 할 때 사장님 때문에
꼭 한 시간씩 일찍 시작했잖아요.

용태　(허허 웃는다) 그랬지. 자네도 참 바지런
했어. 어린 혜경이 데리고 그 일을 혼자
다 했으니깨.

혜경이네　(손사래치며) 별말씀을. 아 참! 여기 자주
오는 사장님 한 분이 사람 구하는 거 같던
데 소개 넣어드려요?

용태　응? 그려. 좋지!

조경회사 입구에서 두리번거리는 용태.

일꾼 한 명이 용태를 쳐다본다. 정 사장이 일꾼 시선을 따라가 용태를 발견한다.

정 사장   혹시 혜경네 소개로 오신…?

용태   예. 복용태라고 헙니다.

정 사장   일 잘하고 성실한 분이라고 듣긴 했지만…. (조금 실망한 듯) 이 일이 생각보다 험해서 젊은 사람들도 오래 못 버티는데…. 실례지만 연세가…?

용태   인자 60중반밖에 안 됐어요. 젊은 사람들맨치 빠르진 않지만 힘은 좀 씁니다.

사무실로 들어가 앉는 두 사람.
정 사장이 믹스커피 한 잔을 타주면서

정 사장   전에 무슨 일하셨다구요?

용태   비료회사서 20년 넘게 일했고 퇴직 후엔
고향마을서 밭일 조금 돕고….

정 사장   비료회사에서 일하셨으면 나무에 대해서
도 쌩판 모르진 않으시겠네요.

용태   그려요.

정 사장   여기서는 나무들 관리하고, 납품한 곳에
가지치기 같은 출장 업무가 좀 있어요.
하실 수 있으시겠어요?

용태	방법만 알려주면 뭐든 됩니다. 근데 여기… 숙식도 된다고 허든디…?
정 사장	컨테이너가 있습니다. 전에 외국인 노동자 많이 쓸 때 만든 건데 지금은 비어 있어요. 시설은 그저 그래도 간단히 취사하고 주무시는 건 가능합니다. 근데 컨테이너 쓰시면 월 130만 원밖에 못 드려요. 그래도 괜찮으시겠어요?
용태	네, 네. 괜찮해여. 감사헙니다. (꾸벅)

S#92
조경회사 정원 (실외/낮)

/시점샷/ 길쭉 커다란 나무.
나무를 올려다보는 용태.

용태	이 사다리로 되겠어?
정 사장	형님한텐 무리인가?
	그냥 내일 사다리차 불러서 해야겠어요.
용태	(눈치 보더니) 한 번 올라가 보지 뭐.
정 사장	위험해서 안 돼요. 형님 나이도 있으신
	데…. (슬쩍 용태의 동태를 살핀다)
용태	올라가서 불안헐 거 같으면 다시 내려오
	고.

사다리를 놓고 조심스럽게 나무 위로 올라가는 용태. 미소 짓는 정 사장.

다른 일 하는 척하면서 적극적으로 말리지 않는 정 사장이 그 모습을 조마조마한 얼굴로 힐끔거린다. 사다리 꼭대기 까지 올라간 용태가 가지로 손을 뻗으며 허리를 펴는데 갑자기 귀에서 '웅~' 하는 소리. 눈앞이 빙글 돌아가면서 순간 용태가 중심을 잃고 사다리에서 주르륵 미끄러진다.

용태   아악!

정 사장   형님!!

정 사장이 손에 든 것들을 집어던지고 뛰어간다.

S#93
강화성모의원 앞(실외/낮)

깁스에 목발 짚고 나오는 용태.

정 사장(v.o)　　형님은 계약직이라 보험 적용도 안되고,
　　　　　　　　제가 형님 봐서 드리는 거에요. 이걸로
　　　　　　　　병원비는 하실 수 있을 거에요.

S#94
[회상] 병실(실내/낮)

정 사장이 주는 돈을 받아서 가방에 넣는 용태.

정 사장   한 달 치 급여도 더 넣었으니까, 그걸로
회복하시고 다른 일도 구해보세요. 그리
고 여기에 싸인 좀 해주세요.

용태   (정 사장이 내민 서류를 보더니) 합의서?
이건 뭐 더?

정 사장   제가 보상해 드리는 거고, 받으셨다는 확
인이에요. 명색이 회사인데, 지출한 기록
은 있어야 하니까요. 별거 아니에요.

S#95
강화성모의원 앞 (낮)

쩔뚝거리며 낡은 목발을 짚고 가는 용태의 뒷모습.

아스팔트가 아닌 흙 위로 천천히 이동하는 노인의 발걸음. 그 뒤, 지팡이를 짚고 벤치에 앉아 있는 자그마한 구둣발. 노인들의 떠드는 소리와 자동차 소리가 엠비언스로 들린다.

탑골공원 어디쯤 벤치에 앉아 있는 용태. 지저분하게 자란 수염. 한쪽 발에는 깁스를 했는데 흙이 묻어 더럽다. 옆에는 시골집부터 들고 다닌 용태의 가방이 주둥이를 벌린 채 부주의하게 놓여있다.

용태의 표정이 조금 멍하다. 문득 여기가 어딘가 하는 눈으로 주위를 둘러보기도 한다. 한쪽에서 용태를 유심히 쳐다보고 있는 최형도. 노인 한 명이 용태 옆에 털썩 앉는다. 멋을 좀 낸 지팡이를 세워 손을 올려놓곤.

공원 노인	늙은이들은 여기 다 모이는 거 같지 않수? (허헛)
용태	저 노인네들이 다 뭐허는 거요?
공원 노인	보면 모르슈? 시간 보내는 거 아니우.
용태	시간을 보내여…?
공원 노인	이제 보슈. 다른 곳에 있다가도 어느새 이리로 발걸음이 오게 되지.
용태	뭐가 좋은 게 있슈?
공원 노인	그냥저냥 출퇴근하듯…. 그리고 흘러 들어오게 되는 곳이라니까. 한두 번 여기 나오게 되면 알게 돼요.
용태	할 일 겁나게 없나 보요.
공원 노인	죽을 날 받아놓은 마당에 겁날 게 뭐가 있수.

죽음을 생각하듯 쓸쓸한 공원 노인의 얼굴.
지팡이에 두 손을 의지한 채 스르르 눈을 감는다.

S#97
시외버스 터미널 화장실 (실내/낮)

화장실 구석 한쪽 칸에서 '꽥꽥' 소리를 내며 토하는 용태.
화장실에 들어왔던 사람들은 토하는 소리가 들리는 화장실
칸을 쳐다본다.
/부감/ 카메라는 화장실에 있는 쳐다보는 사람들을 훑고 용
태의 화장실 칸으로 이동한다.
터미널 화장실에서 다 토하고 기운이 없어 주저앉아 있는
용태. 허연 수염이 삐죽삐죽, 덥수룩하다. 수척하고 추레한
얼굴의 용태.
화장실 벽에 붙어있는 전단지를 바라본다.

  생명 나눔이 정답입니다!
  고소득 최대 2,000만 원

즉시 검사 가능합니다.

연락처 010-XXX-XXXX

가방에서 '구토' 라벨이 붙은 약통 꺼내 알약 하나 입안에
넣고 삼킨 후 눈을 감는다. 결심한 듯 눈 뜨자마자 전단지
를 뜯어 주머니에 집어넣는 용태.

S#98
역 대합실

역 대합실 한쪽 구석. 의자에 혼자 앉아 있는 용태.

장기매매 전단지를 꺼내서 만지작거리고 있다.

가방을 뒤적여 통장을 꺼내 보는 용태.

통장을 든 떨리는 손과 통장. /close up shot/

통장에 찍혀 있는 백삼십여만 원. 백년조경회사로부터 받은 돈이다. 한 푼도 꺼내 쓰지 않은 듯 지출한 기록이 없다.

전단지를 보고 부르르 떨리는 손으로 전화번호를 하나하나
꾹꾹 누르는 용태.

상담원(E)　　　생명나눔뱅크입니다.

용태　　　기증허면 여기 선전지에 있는 대로 진짜
　　　　　2천만 원이나 되는 돈을 줘요?

상담원(E)　　　장기에 따라 차이가 있습니다. 기증자는
　　　　　누구신가요?

용태　　　내가 할 건디….

상담원(E)　　　나이가 어떻게 되시는데요?

용태　　　52년 용띠요.

상담원(E)　　　나이가 많아서 어렵겠네요.

용태	나이에 비해 건강해여.
상담원(E)	검사받고 적합한지 알아봐야겠지만, 그 연세라면 적합해도 5백 이상은 어려울 거예요.
용태	5백? 암만 늙었어도 살아있는 몸뚱인디 5백? 여기 선전지에는 2천만 원 준다고 써 놨잖여! 왜 말이 다른겨. 왜?
상담원(E)	(불량하게) 그건 젊고 건강한 사람이구요. 나이가 많잖아요, 할아버지는!
용태	이거 사기 치는 거 아니여!!
상담원(E)	의향 있으시면 대림역으로 오셔서 전화하세여.

전화가 뚝 끊긴다. 이마저도 소외감 드는 용태. 그래도 못내 아쉬운지 전단지를 한참 바라보다 접어서 주머니에 넣는다.

S#100
터미널역 광장 (실외/오후)

역에서 나오는 용태.

넓은 광장. 다양하고 수많은 사람들이 오고 간다.

용태, 다리를 절뚝거리며 걷는다. 깁스는 거추장스러운지
풀어 버린 지 오래다.

'피익 띵!' 갑자기 멍해지는 용태. 아무런 소리가 들리지 않
는다. 주변을 둘러보는데 모든 것이 낯설다. (주변을 둘러
보는 용태 얼굴 주위로 카메라 회전).

자신이 왜 여기 왔는지, 여기가 어딘지 생각나지 않는다.

천천히 주위를 둘러봐도, 가만히 고개를 숙이고 눈을 감고
다시 떠도, 순간적으로 텅 빈 머릿속은 채워지지 않는다.

한참을 서 있다가 주르륵 흘러내리는 눈물.

손등으로 눈물을 스윽 닦는다.

멀리 지켜보던 노숙인 최형도, 용태에게 다가온다.

형도　　　　아저씨. 괜찮으세요?

울렁거리며 멀리서 들리는 형도의 말소리. 용태는 반응하지 못한다.

형도　　　　처음 뵙는데, 여기 처음 맞죠?

용태　　　　예… 예….

형도　　　　밥은 먹었어요? 밥…?

용태　　　　(좀 생각하다 고개를 젓는다)

형도　　　　허! 이 양반 답이 없네….

　　　　　　　돈은 있어요? 돈! 돈

　　　　　　　(사이) 저 따라오세요. 밥 먹으러 가는 곳

　　　　　　　있으니까.

용태, 멍한 상태로 노숙인 최형도를 따라간다.

S#101
지하보도 (실내/저녁)

어두운 불빛 아래 지하보도 양쪽엔 노숙인 몇몇이 자리 깔고 누워있거나 앉아있다. 그곳을 아무렇지도 않은 듯 통과하는 최영도와 뒤따르는 용태.

앉아 있는 늙고 초라한 노숙인이 용태를 계속 쳐다본다. 그 노숙인의 한쪽 눈은 백내장이 심해 검은 눈동자가 안 보일 정도다. 용태는 그 노숙인을 보고 가다가 한참을 같이 눈이 마주친다. 용태에게 곧 벌어질 미래일까? 두려움에 휩싸인 용태는 몸이 멈췄다. 앞서가던 형도는 용태의 팔을 당기며

형도   형씨. 빨리 갑시다.

형도의 강압에 다시 발걸음을 옮기는 용태

S#102
편의점 야외 벤치 (저녁)

편의점 벤치 위에 먹다 남은 편의점용 도시락, 담배 한 갑,
소주 서너 병, 참치캔 등이 놓여 있다. 용태에게 소주를 따
라주는 형도. 자신도 한 잔 비우고 금방 또 한 잔 채운다.

형도   캬~. 이 맛이지.

                 … 하여간 김간지에 이어서 이 바닥에서
                 중절모 보우시 쓰고 있는 남자를 보면
                 누구?

용태   ….

형도   이판사. 이판사. 여기 사람들의 법문제는
                 그 양반에게 물어봐야 해요. 노가다나 집
                 회 나가서 태극기라도 흔들고 돈 벌려면

이판사 옆에 항시 붙어 있는 덩치. 덩치
에게 가면 된다는 거죠. 알겠어요?
내가 이 바닥 정보통이잖아. 오늘도 나
아니었으면 형씨 굶었어. 이런 거 어디서
공짜로 못 먹지.
(우쭐거리며) 나는 최가 형돕니다. 아저
씨는 함자가…?

취기가 많이 올라온 용태.

용태　　(간신히 또박또박) 복. 용. 태.

형도　　오~. 복형? 근데 치매, 뭐 그런 거 살짝 있
　　　　으신가? 뭘 자꾸 잊어버리는 거 같던데.

용태　　아녀! 늙었으니께. 늙으면 뭐든 그려.

형도　　중요한 건 생각났을 때 바로바로 적어놓
　　　　는 버릇을 들이세요. 그래야 당황을 안
　　　　하지. 예를 들어 자식들 연락처나 통장
　　　　비밀번호 같은 거 말이에요. 혹시 수첩
　　　　같은 거 있으신가?

용태　　있지. (가방을 뒤져 수첩 보여준다) 그런
　　　　중요헌 건 벌써 다 적어놨구먼.

형도　　아이고~ 똑똑하시네. 잘 하셨어요. 근데

이런 데서 지내지 마시고 연세도 있으신데, 그 몸으론 이런 생활 얼마 못 버텨요. 여기서 살아남을라면 몸을 잘 챙겨야 돼요. 졸리다고 아무 데서나 자면 까딱하다 골로 간다구.

용태   (무뚝뚝한 어투로) 뭐더러 오래 사러? 빨리 가면 좋은 거지.

형도   살아있는 동안만이라도 안아플려면~. 응? 대합실이 최고 숙소인데, 잘려면 이따 9시 반쯤 들어가서 잠깐 자고 나왔다가 2시쯤 다시 들어가야 경찰이랑 안 부딪쳐. 움직이려면 시간이 좀 남았으니까 쇠주나 한잔 더 합시다.

술잔을 기울이며,

형도   자식 없어요?

용태   ….

형도   허긴. 자식 있으면 이러고 살지도 않겠지만….

입을 다무는 용태. 갑자기 눈앞이 블랙아웃 된다. 그러다 다시 보이고, 또 블랙아웃. 몇 번 그러다 돌아온다. 귀에서 '윙~' 하는 소리. 머리를 쥐어뜯는다.

형도	(용태 시점. 입모양만) 괜찮아요?
	(이번엔 소리로) 괜찮아요?
용태	(가쁜 숨)
형도	어디가 많이 안 좋으신가 보네….

용태가 픽 쓰러진다. '웅웅~' 거리는 소리로 "아저씨! 아저씨! 정신 좀 차려 봐요!"라는 형도의 소리만 저만치 들린다. 서서히 사라지는 소리들.
지나던 사람들이 쳐다보긴 하지만 아무도 가까이 가지 않고 서둘러 피한다. (F.O)

S#103
공원 벤치 (실외/새벽녘)

/F.I/

새벽 푸른빛이 감도는 시간. 공원 관리인이 벤치에 누워있는 용태를 깨운다.

공원 관리인   어이~ 아저씨. 여기서 주무시면 안 돼요.
(용태를 툭툭 건드리면서) 일어나서. 일어나 봐요!

잠에서 깬 용태. 떨면서 주위를 둘러본다.
낯설다. 누군가 깔아준 박스와 덮고 잔 외투.
잠에서 깨자마자 콜록거리다 가래를 내뱉는다.

공원 관리인　　에헤!! 가래는 저기 화장실 가서 뱉으시고, 주무실 데 없으면 그냥 쉼터 들어가세요. 따숩고 밥도 다 주는데 왜들 공공장소에서 이러나 몰라. 에잇!

관리인의 말을 이해했는지 모를 용태의 멍한 표정.
갑자기 뭔가 생각났는지 겉옷 주머니를 뒤진다.
인심 쓰듯 남겨둔 만 원짜리 한 장이 나온다.
백팩을 뒤져보는 용태. 약통이랑 옷가지밖에 없다.

용태　　내 통장…. 통장… (하다 관리인에게) 여가 어디여?
공원 관리인　　여기가 어디긴! 공원이잖아요. 일어서요. 어서

허탈한 표정 정도가 아니라 인생이 끝났다는 듯 그의 얼굴이 모든 것을 말해준다.
/Long shot/ 일어서서 가는 용태. 그 자리를 청소하는 공원 관리인의 모습이 보인다.

S#104
나들가게 안 (실내/낮)

나들가게로 들어가는 용태. 이리저리 찾다가 번개탄 하나
를 집어 들었다가 잠시 고민 후 내려놓는다. 다시 집어 드
는 용태.

멀리서 계산원이 그런 용태를 빤히 쳐다본다. 그 시선 느끼
고 번개탄을 내려놓는 용태. 느릿느릿 냉장고로 가서 소주
한 병을 집어 들고 계산대로 간다. 계산원이 검정 비닐봉지
에 소주를 담으며 용태를 위아래로 빤히 훑어본다.

가게에서 나와 어딘가로 향하는 용태.

S#105
괴산 용태의 집

숨어들 듯 주변을 살피며 집으로 다가오는 용태.

먼지는 좀 쌓였지만 집은 예전 그대로다.

안으로 들어가는 용태. 텅 비어 있는 방. 모퉁이에 늘어져
있는 거미줄을 용태가 거친 손으로 쓱 걷어낸다.

검정 비닐봉지 내려놓고 맨바닥에 눕는 용태.

(s#74의 행동처럼 하는 용태)

/F.O/

S#106
경찰서 주차장 (실외)

경찰서 외관.

주차장에 차를 두고 급하게 뛰어 들어가는 장환.

S#107
경찰서 형사과 (실내)

조 형사를 찾아가 인사하는 장환.

조 형사　　　빨리 오셨네요. 이리 와서 이것부터 좀
　　　　　　　보세요. 화면이 선명한 건 아니지만 알아
　　　　　　　볼 순 있을 겁니다.

컴퓨터 모니터. 모자를 눌러쓴 남자가 은행 창구에서 수상
쩍은 행동을 하는 모습.

조 형사(V.O)　　복용태 씨 통장이랑 도장을 가지고 와서
　　　　　　　돈을 찾으려고 했나 봐요. 창구 직원이
　　　　　　　신분증을 요구했더니 잃어버렸다 그러면

서 행패 부리는 것을 청원경찰이 다가오니까 도망쳤대요. 여기 옆얼굴 잘 봐두시고. 두 번째 영상도 보시면….

컴퓨터 모니터. 또 다른 은행 창구를 비추는 영상.

조 형사(V.O) 이건 다른 지점에서 찍힌 건데 같은 옷차림이죠? 동일인이에요. 여기서는 신분증을 집에 두고 왔는데 나중에 가져와서 확인시켜 주겠다고 하면서 급한 일이 있는 척, 불쌍한 척을 했다나 봐요. 그럼 뭐 합니까. 딱 봐도 노숙잔데. 바로 경찰에 신고한 거죠. 자, 여기. 얼굴이 꽤 제대로 찍혔죠? 혹시 아는 사람입니까?

장환 아뇨. 처음 보는 얼굴이에요. 잡았습니까?

조 형사 네. 지금 조사 중인데 자긴 아무것도 모른다고 딱 잡아떼고 있나 봐요.

장환 아버지 소식은요?

조 형사 통장이랑 도장은 길에서 주웠고 자긴 복용태 씨를 전혀 모른다며 길길이 뛰더래요.

장환 아버지한테 무슨 문제가 생긴 건 아니겠죠? 범죄에 연루됐다거나.

조 형사	조사를 더 해봐야죠. 능구렁이 같은 놈인가 봐요. 주변 노숙인 탐문해 봤는데 웬 노인이랑 붙어 다니는 걸 봤다는 사람이 나왔어요. 결국 통장 훔친 건 인정할 수밖에 없을 겁니다.
장환	저… 혹시, 저의 아버지에게 무슨 문제가 생긴 건 아니겠죠?
조 형사	아직 뭐라 단정 짓기는 어렵고, 우선 복용태 씨 통장을 훔친 것이 확인되었기 때문에, 복용태 씨 보호자가 이 건을 형사고소 하실 것인지 어떻게 처리하실지 확인차 불렀습니다.

S#108
경찰서 조사실 (실내)

조사실에는 최형도가 조사를 받고 있고, 유리 건너편에 형사와 장환이가 보고 있다.
최형도는 능글맞은 미소를 흘리며 극구 부인중이다. 이에 조 형사가 조사실로 들어간다.

조 형사	최형도 씨 맞으시죠?
최형도	네.
조 형사	이 통장은 언제 훔쳤어?
최형도	훔치긴요. 받은 거라니까.
조 형사	미쳤다고 통장을 주는 사람이 어딨어?
최형도	진짜라니까요. 내가 밥 먹여주고, 잘 곳 알려주고 하니까, 고맙다고 나보고 쓰라

고 줬다니까요.

조 형사　　그래서 통장까지 주는 사람을 죽였어?

눈이 휘둥그레지는 최형도. 같이 장환이도 놀란다.

최형도　　죽…다니요? … 무슨 소리를?

조 형사　　니가 죽이고 그 통장 뺏은 거 아니야. 돈
　　　　　　도 다 빼쓰고, 그리고 나서 대포통장으로
　　　　　　넘긴 거잖아!

최형도　　무슨 말을 하는 거예요!? 나는 그냥 복
　　　　　　씨가 잘 때 가방에서 통장과 도장만 꺼
　　　　　　냈어요.

최형도. 조 형사에 말려 술술 분다.

최형도　　정신이 좀 오락가락하는 것 같지만, 죽이
　　　　　　지는 않았어요.

조 형사　　정신이 오락가락했다? 그걸 어떻게 알았
　　　　　　어?

최형도　　아니… 그게.

조 형사　　처음 만나게 된 거부터 다 이야기해봐!

최형도　　처음엔… 탑골공원에서 봤는데, 거기야

항상 나오는 노인들이 있는 곳이라 새로운 노인들이 오면 티가 납니다. 특히나 혼자 나왔다는 것은 가족이 없거나 집을 나온 경우가 대다수라 금방 알아볼 수 있어요. 우리 같은 사람은….

(v.o) 좀 따라다녔어요. 하루 종일 아무것도 안 먹길래 제가 급식소에 데려가서 밥 먹이고 이야기를 좀 했는데, 정신이 오락가락하더라구요. 주머니에 돈도 좀 있었고.

voice over 되면서 인서트 회상 장면.

/INS/

1. 최형도가 공원에서 지켜보는 장면
2. 화장실에서 용태가 나갈 때 옆에서 쳐다보는 장면
3. 터미널 앞에서 다가가 말 거는 장면

조 형사 그래서 죽였나?

최형도 …. 아니에요. 형사님. 그걸로 같이 소주 사서 두병 정도 마셨어요. 좀 먹다 보니 바로 잠들길래. 옆에 벤치에 자게 눕혀 주었는데, 가방이 열려 있더라구요. 통장이 보이고… 해서.

조 형사   해서…?

최형도   가방을 뒤져보니 도장도 있길래…. 정말
이에요.

취조실 밖에서 쳐다보던 장환이는 치밀어 오르는 화에 벽
을 때린다. 쿵-.
'쿵! 쿵!' 소리가 멀리서 들리자 깜짝 놀라는 최형도.

조 형사   그럼 니가 안 죽었다는 것이 확실해?

최형도   네… 네…. 그럼요.

조 형사   그럼 여기에 진술서 써. 지금 말한 그대로.

최형도   네… 네.

진술서 쓰는 최형도

조 형사   통장 주인 복용태 씨를 그 이후에 못 봤어?

최형도   못 봤습니다.

조 형사   어디 갈대도 없어 보였다며? 그럼 거기에
서 노숙이라도 할 거 아니야!

최형도   그야… 제가 모르죠…. 못 봤는데.

조 형사   니가 죽이고 숨긴 거 아니야? 왜 거기에

없어?

최형도   (울먹이며) 못 봤어요. 정말이에요. 형사
님…. 저한테 왜 그러세요….

조 형사   야. 거기에 없으면 어디로 가겠냐?

최형도   뭐 정신이 들면, 집으로 갔거나….
돈… 벌러 가지 않겠어요? 돈이 필요해
보였던 거 같던데.

조 형사   (때리려는 듯 손을 들면서) 그런 걸 아는
놈이 노인네 돈을 훔쳐!

최형도   (피하듯 움직이다가) 아! 주머니에 장기
기증 회사 전화번호 있더라구요. 저희처
럼 아무것도 없고 돈이 필요하면 유혹을
많이 받아요.

조 형사   장기기증? 그럼 너 혹시…!

최형도   (조 형사의 말뜻을 알아챘는지)… 아…
아니에요. 절대. 나는.
왜 그러세요. (울먹이며) 저는… 돈만 훔
쳤어요.

S#109
경찰서 주차장 (실외/해 질 녘)

경찰서를 나온 장환. 모든 책임이 자기에게 있는 것만 같아 괴롭다.

차에 타자마자 밀려드는 자괴감에 애꿎은 핸들만 마구 두들긴다. 핸들에 기대 어깨를 들썩이는 장환.

S#110
[꿈] 괴산 집

괴산 예전 집 마당에 차를 세우는 장환.

장환   하늬야. 여기 잠시 있어. 할아버지가 계
         신지 아빠가 보고 올게.

하늬   응.

장환, 차에서 내려 집 현관 쪽으로 가려는데 아버지의 뒷모
습이 보인다. 몸을 벽 쪽으로 숨기는 장환.
아버지가 누군가와 말하고 있다.

용태   워떻게 자식 놈의 새끼가 애비 한티 덤벼.
         나는 그놈을 자식으로 인정하지 않을 겨.

누군가	형도 화가 나서 그랬겠죠.
용태	그렇다고 애비 한티 덤벼? 너도 봤잖어. 다 가라고 혀. 다 떠나라고. 나 혼자 살면 돼야.
누군가	제가 있을 테니 노여움 푸세요 아버지.
용태	그려? 니가 나허고 살겨?
누군가	네… 저하고 살아요.
용태	그려. 인저 난 너허고만 살겨. 너허고만.

장환은 벽 뒤에 숨어 아버지의 뒷모습을 보면서도 차마 다가가지 못한다. 아버지 앞에 나서지 못하는 자기 자신이 못내 원망스러운 장환. 심장 뛰는 소리만 점점 커진다.

/F/ 울리는 알람 소리

S#111
장환의 집 (실내)

화들짝 잠에서 깨어나는 장환. 잠시 꿈을 생각하다 주방으로 나가는 장환. 그런 장환을 불안한 듯 지켜보는 효진. 따라 나간다.
찬물을 벌컥벌컥 마시는 장환에게.

효진   괜찮아? 또 나쁜 꿈 꿨지?

장환   아무래도 시신 안치실 다녀오고 나서 자
             꾸 가위눌리는 거 같애. 지금 몇 시지?
             (주방 시계를 보며) 아… 6시 다 되었네.

효진   난 출근 준비할 테니까 자긴 좀 더 자.

장환   좀 이따 하늬 유치원 보내야지.

효진   이모 시키지 뭐.

장환	이모는 우리 집에서 살기로 했대?
효진	놔둬. 자기도 혼자 있으려니 오만 잡생각
	때문에 괴롭겠지.
	나야 하늬 봐주니까 좋고.

장환, 효진을 껴안는다.
서로의 온기로 조금은 위안을 얻는 두 사람.
그때 장환의 핸드폰이 울린다. 조 형사 전화다.

장환	네!
경찰(E)	아버님 찾은 거 같습니다.
장환	정말요? 어디 계신데요?
경찰(E)	일단 경찰서로 오시겠어요?
장환	(전화기를 든 채 인사를 꾸벅. 얼굴은 이미 눈물이 줄줄 흘러 엉망이다) 네. 네. 감사합니다. 지금 바로 갈게요. (전화 끊고) 여보야…!

효진, 장환의 어깨를 살포기 껴안는다.

| 효진 | 빨리 가봐. 전화해. |

서둘러 달리듯이 걸어오는 장환.
출근 전 시간이라 경찰서엔 교대 인원만 있고, 자리는 텅 비어 있다.

경찰   아, 오셨네. (어깨에 힘 빡 주고) 혹시나
　　　　　해서 조회 넣어두길 잘했지 뭡니까. 어제
　　　　　아버님이 괴산 시내에 있는 농협에서 통
　　　　　장 분실신고를 하셨네요.

장환   이번엔 저희 아버지 확실한 거죠?

경찰   그럼요. 신분증 확인해서 통장 재발급하
　　　　　고 현금도 인출하셨대요. 아버님 고향이
　　　　　괴산이라면서요. 깡촌.

장환	아… 예…. 맞습니다.
경찰	진작 고향 어른들한테라도 연락을 해보시지 않구요.
장환	해봤죠. 몇 번이나 해봤는데 폐가 된 집이라, 최근까지도 집에 인기척이 없다 했거든요. 아무래도 통장 잃어버리시고 갈 데도 마땅찮고 하니까 결국 그리 가셨나 봐요.
경찰	제가 일단 괴산경찰서에 전화해서 협조 부탁해뒀습니다.
장환	감사합니다.
경찰	진짜 다행이에요. 지난번에 어찌나 상심하시는지 마음이 너무 안 좋았거든요. 이번엔 아버님 꼭 찾아서 집으로 모시고 가십시오.
장환	네. 고맙습니다.

밝게 웃는 장환의 얼굴.

S#113
장환의 차 안

스피커폰으로 '효진 누나'랑 통화 중이다.

장환	(울고 있다) 아버지가 괴산 농협에서 통장분실신고를 하셨대.
효진(E)	정말? 아버님 그럼 고향 집에 가셨나 본데!
장환	응. 지금 당장 내려가려고.
금주(E)	(울며) 장환아. 나도. 나도 같이 가.
장환	이모도?
효진(E)	나도 갈까?
장환	회사는 어떡하고?
효진(E)	아버님 찾아서 모시러 간다고 해야지. 과장님이랑 부서 사람들이랑 얼마나 걱정

	했는데. 하늬 준비시키고 있을 테니까 우리 데리러 와.
장환	알았어. (끊으려다) 잠깐만!
효진(E)	응? 왜?
장환	사랑한다 효진아.
효진(E)	뭐야?…(미소)… 끊어!

장환, 싱글벙글이다.

S#114
장환의 차 안 (괴산으로 향하는 길)

앞에 장환과 효진. 뒤에는 하늬와 금주가 앉아있다.

금주　　　(들떠서) 하늬는 할아버지 만나면 무슨 말
　　　　　　할 거야?

하늬　　　사랑한다고 할 거야. 엄~청 엄청 보고 싶
　　　　　　었다고 할 거야.

금주　　　(장환에게) 넌? 넌 무슨 말부터 하고 싶어?

장환은 목이 메어 대답을 하지 못한다.
효진이 다 안다는 듯 장환의 손을 잡아준다.

효진　　　이모는?

금주   말이 뭔 필요야. 난 일단 안아줄 거야. 꼭
            안아줄래. 얼마나 힘들었을까⋯ 불쌍한
            우리 형부⋯.

괴산 톨게이트를 통과하는 차.

S#115
괴산 용태의 집 앞 (낮)

예전 용태의 집에 도착해 차를 세우는 장환.

/INS/ 꿈속의 심장박동소리.
꿈의 짧은 컷들이 뒤엉켜 있는 장면

꿈이 생각난 듯 룸미러로 자신의 얼굴을 보고 이내 내려서
곧바로 집 안으로 들어가는 장환.

텅 비어 있고 아무도 없다. 비어 있는 방과 아버지 혼자 앉아 있던 모습이 겹쳐서 보인다.

/INS. (회상)/ 거실. 어린 장환이 벽에 기대서면 젊은 용태가 키 재주던 모습(흑백).

지금은 희미하게 '8살 9살 10살' 성장키 표시해놓은 흔적이 남아있을 뿐이다. 그러나 지금은 아무것도 없다. 장환 스스로 지워버리려고 했던 자신의 과거가 후회스럽다.
장환은 하늬를 꼭 껴안는다. 아내 효진도 같이 껴안는다.
한참을 안고 있으니, 효진도 하늬도 갑작스럽던 장환의 행동에 가족애를 느낀다.

S#117
용태 부인 금순 수목장묘(실외/낮)

용태, 수목장 된 나무 옆에 주저앉아 가져온 검은색 비닐봉지 안에서 소주 한 병과 소주잔 두 개를 꺼낸다. 한 잔을 따라서 나무 옆에 뿌려주고, 한 잔은 자신이 마시는 용태. 숨소리가 불규칙하고 거칠다. 용태는 수첩을 꺼내 아내 사진이 보이도록 나무에 세워놓고 너무 지쳤다는 듯 그 옆에 눕는다. 모로 누워 사진을 보고 말한다. 숨이 차고 자꾸 아찔해서 말이 끊긴다.

용태   거 있지? 할망구 걸음이 느려서 안즉 거
            있을 겨. 나도 인저 가네.
            (사진 속 아내의 얼굴을 어루만진다) 미
            안혀. 다 용서허고…. 나 보믄 모른 척 허

335

지 말어. 장환이, 오윤이, 금주…. 걔들 걱
정은 허지 않아도 돼여. 내 보니 잘 살겨.
암만…. 잘….

붉게 물들어간 석양.
저 아래 용태 마을에 장환 식구의 모습도 작게 보인다.

S#118
괴산 용태의 집 동네 (실외/낮)

/Long shot/ 밖으로 나가 옆집으로 가 아버지 용태가 최근
에 왔었는지 묻는다.
동네로 걸어 나가는 장환과 가족

INS. 아들 식구가 눈에 보이는지 미소 짓는 용태.

/Long shot/
마을과 장환식구. 그리고 그 위로 보이는 붉게 물든 석양
눈이 감기듯 화면이 점점 암전 되고, 엔딩 음악이 나오면서
/F.O/

〈자막 타이틀〉 모래내 가족

S#119
에필로그 (공연장/실내)

음악이 뚝 끊기면. 어두운 화면 가운데 음악이나 아무런 오디오 소리 없는 정적 속에 공연장의 엠비언스만 들린다. 관객의 부스럭하는 소리만 들리고 카메라가 움직이면.

무대 한쪽엔 석용(아버지 역)이 앉아 있다.
카메라 뒤로 빠지면 미남 역(장환)이가 무대에 가운데 앉은 뱅이 바지를 입고 휠체어에 앉아 있다. 장환이 뒷모습에서 보이는 관객과 장환이를 비추는 조명이 눈부셨다가 장환이에게 가려졌다 하다가 장환 얼굴 정면으로 카메라 턴.

장환(미남 역)   언젠가부터 새벽 장사 나갔다가 돌아오면 방안은 온통 아수라장이었어요. 난 알

지. 아빠 빨리 죽는 게 날 위하는 길이라
고. 그저 꿈이 있다면 어서 빨리 죽는 거
라고. 안 봐도 눈에 훤해. 책 몇 권 받쳐
놓고 그 위에 올라선 아버지 그 몸으로 목
을 매다는 건 거의 불가능해 보이는 데.
헤헤헤… 그래도 늙은이 기를 쓰고 기를
써. 무슨 일이 있어도 오늘은 기필코 죽
어야 한다는 각오야. 악다물고 올라간 김
에 목에 감고 대못에 걸고 드디어 발끝
에 놓은 책 무너트리고 달랑 매달리고 우
우~ 이제 이 질긴 목숨 끊어지는 건 시간
문제다. 소원성취 눈앞에서 둔 아버지….
아뿔싸. 대못이 콕 빠지네.
'자살할 능력도 없는 이 하등 필요 없는
인간아' 그때 새벽 장사를 마친 병신 아들
이 들어오며 '아빠. 오, 운동 많이 했네' 그
렇게 말하는 내가 속으로 얼마나 울고 또
얼마나 웃었는지.

관객들 숨죽이고 공연을 지켜본다. 관객들 속에 금주, 효
진, 하늬가 앉아 있고, 복용태와 현금순도 나란히 앉아 있
다. 효진, 하늬는 공연 보며 눈물이 그렁그렁.

입가의 미소를 머금고 있는 용태와 금순.

장환   내가 일하러 나간 새벽엔 아빠는 울었어. 집에 들어오기 전에 들었거든. 나오지도 않는 목소리로 우웅~ 거리며 우는 거야. 매번 못을 박을 땐 슬쩍 걸어 놓은 줄도 모르고 기를 쓰며 매달리는 아버지를 볼 때마다 '그래, 그렇게라도 움직여야 되잖아. 어떡하든 자꾸 움직여서 자꾸 움직여서 또 살아야 되잖아. 살아 있으니까 어쨌든 살아 있으니까 살아야 하잖아.' 내가 할 수 있는 거라곤 그것밖에 없었어. 미안해. 난 그렇게 생각했어. 아빠의 마음, 생각을 묻지 않았어. 지금 와서 묻는다면 너무 늦었겠지? 하지만, 이제 생각이나. 떨리던 손. 떠듬거리며 그때는 알아듣지도 못했던 말들. 시간이 나를 죽이기 전에. 세상에 내가 불타기 전에…. 보여줘서 고마워. 가족이라는 것이, 희생이라는 것이 무엇인지. 사랑이라는 것이 왜 위대한지, 아름다운 건지 말이야.

장환의 표정에서 /암전/

(정적) 관객의 박수 소리. 불이 들어오면 울고 있는 관객들 보인다. 무대 불 켜지고, 등장하는 배우들… 배우들 인사한다. 관객의 박수소리는 더욱 커지고. 엔딩 음악과 크레디트가 올라온다.

THE END.

초판 1쇄 발행	2025년 03월 15일
지은이	김진곤
연극원작	오장환과 이성복이 만나면(글:김광탁)
삽화	유지천
펴낸이	김왕기
편집부	원선화, 김한솔
디자인	푸른영토 디자인실
펴낸곳	**푸른문학**
주소	경기도 고양시 일산동구 호수로 606 A동 908호
전화	전화	031-925-2327 · 팩스	031-925-2328
등록번호	제396-2013-000070호
홈페이지	www.blueterritory.com
전자우편	book@blueterritory.com

ISBN 979-11-987087-6-2   03680
ⓒ김진곤, 2025

푸른문학은 푸른영토의 임프린트 입니다.